Dr. Rolf Meier

# Das agile Mind-Set

# der Führungskompetenz

Bibliographische Information der Deutschen Nationalbibliothek: Die Deutsche Nationalbibliothek verzeichnet diese Publikation in der Deutschen Nationalbibliografie; detailliert bibliografische Daten sind im Internet über http://dnb.dnb.de abrufbar.

1. Auflg. 2019

**Impressum**

© 2019 Dr. Rolf Meier

Text und Layout:
Dr. Rolf Meier

Herstellung und Verlag: BoD – Books on Demand, Norderstedt
ISBN 978-3-7494-4634-6

Guten Tag liebe Leserin oder lieber Leser,

seit Generationen versuchen kluge und weniger kluge Menschen das Thema „Führung" zu verstehen, aber auch zu interpretieren. Mit dem Verstehen und dem Interpretieren geht auch immer die Frage einher: Was ist richtige, wirksame und akzeptierte Führung?

Führung hat zwei Aspekte:

- Was ist das Grundsätzliche von Führung – unbeschadet der Situation?
  Es ist das faktische Wissen von und über Führung.
- Was ist der Zeitgeist der Führung?
  Es ist das Verständnis von, über und „Gestaltung" von Führung. Es sind im Wesentlichen die Werte und den damit verbundenen ethisch-moralischen Wertvorstellungen.

In meinem Leben habe ich die autoritäre, die kooperative, die teamorientierte Führung erlebt. Führung als Ausdruck einseitig verstandener Management bys-Philosophien. Und nun die agile Führung. Manches ist „nur wording", manches ist fehlendes Wissen von Führung und manches ist schlicht „unglückliches Zeugs".

Agil waren Organisationen schon immer – oder sollten und mussten es sein. Frei nach HERAKLIT der vor 2500 Jahren formulierte: Nichts ist so beständig, wie der Wandel.

GEORG CHRISTOPH LICHTENBERG (1742-1799) soll formuliert haben: Ich kann freilich nicht sagen, ob es besser wird wenn es anders wird; aber so viel kann ich sagen, es muss anders werden, wenn es gut werden soll.

Wenn Sie diese beiden Aussagen verinnerlicht haben, besitzen Sie den inneren Kompass für das Verständnis von Agilität: „Sie können agil" – Sie „agilisieren" sich.

## Inhaltsverzeichnis

# I. Auf dem Weg zum Thema

Agilität in in vieler Munde, gleichwohl ergibt sich für den Leser ein viel-fältiger Chor von Deutungen, Festlegungen und Definitionen zum Thema/ Begrifflichkeit „Agilität" oder „agil".

## Der Versuch einer Orientierung

Agilität meint in einem seiner zwei wesentlichen Ursprünge genau defi-nierte Prozesse zur Förderung von schrittweiser Softwareentwicklung für Erkenntnisergebnisse, verbunden mit einer definierten Werthaltung. Im Grunde sind es Vorstellungen von wertschöpfenden Methoden.

Ursprung aus der Softwareentwicklung:

Im Jahr 2001 wurde das Agile Manifest von mehreren Softwareentwick-lern, wie KEN SCHWABER, ROBERT C. MARTIN et al. veröffentlicht.

Sie schrieben:

„Wir erschließen bessere Wege, Software zu entwickeln, indem wir es selbst tun und anderen dabei helfen. Durch diese Tätigkeit haben wir die-se Werte zu schätzen gelernt:

- Individuen und Interaktionen – mehr als Prozesse und Werkzeu-ge.
- Funktionierende Software – mehr als umfassende Dokumentation.
- Zusammenarbeit mit dem Kunden – mehr als Vertragsverhand-lung.
- Reagieren auf Veränderung – mehr als das Befolgen eines Plans.

Das heißt, obwohl wir die Werte auf der rechten Seite wichtig finden, schätzen wir die Werte auf der linken Seite höher ein."

Die Gruppe definierte zwölf Prinzipien ihres Agilen Manifestes:

1. Unsere höchste Priorität ist es, den Kunden durch frühe und kontinu-ierliche Auslieferung wertvoller Software zufrieden zu stellen.

2. Heiße Anforderungsänderungen, selbst spät in der Entwicklung willkommen. Agile Prozesse nutzen Veränderungen zum Wettbewerbsvorteil des Kunden.
3. Liefere funktionierende Software regelmäßig innerhalb weniger Wochen oder Monate und bevorzuge dabei die kürzere Zeitspanne.
4. Fachexperten und Entwickler müssen während des Projektes täglich zusammenarbeiten.
5. Errichte Projekte rund um motivierte Individuen. Gib ihnen das Umfeld und die Unterstützung, die sie benötigen und vertraue darauf, dass sie die Aufgabe erledigen.
6. Die effizienteste und effektivste Methode, Informationen an und innerhalb eines Entwicklungsteams zu übermitteln, ist im Gespräch von Angesicht zu Angesicht.
7. Funktionierende Software ist das wichtigste Fortschrittsmaß.
8. Agile Prozesse fördern nachhaltige Entwicklung. Die Auftraggeber, Entwickler und Benutzer sollten ein gleichmäßiges Tempo auf unbegrenzte Zeit halten können.
9. Ständiges Augenmerk auf technische Exzellenz und gutes Design fördert Agilität.
10. Einfachheit – die Kunst, die Menge nicht getaner Arbeit zu maximieren – ist essenziell.
11. Die besten Architekturen, Anforderungen und Entwürfe entstehen durch selbstorganisierte Teams.
12. In regelmäßigen Abständen reflektiert das Team, wie es effektiver werden kann und passt sein Verhalten entsprechend an.

**Ursprung aus der Soziologie**

Es handelt sich wohl um eine missverständliche Ableitung des Agil-Schemas des amerikanischen Soziologen TALCON PARSONS – wie STEFAN KÜHL in einem Beitrag „Agile Praktiker" am 17.2.2019 in der Frankfurter Allgemeine schreibt. Weiter eine ungekürzte Textpassage von KÜHL im gleichnamigen Artikel:

## Renaissance eines Schemas

**Agile Praktiker**

Im Managementdiskurs wird der Begriff der Agilität als eine abstrakte Wertformel für erfolgreiche Führung eines Unternehmens verwendet. „Unter Agilität wird", so eine typische Definition, „die Fähigkeit einer Organisation verstanden, sich kontinuierlich an ihre komplexe, turbulente und unsichere Umwelt anzupassen." Für ein Unternehmen bedeute Agilität „die Fähigkeit, in einer Wettbewerbsumgebung gewinnbringend zu operieren, die charakterisiert ist durch ständig, aber unvorhersehbar sich ändernde Kundenwünsche". Wesentlich sei dabei ein „agiles Mind-Set" aller Mitarbeiter, das einen „wertschätzenden Umgang", „eine Begegnung auf Augenhöhe" ermögliche.

PARSONS wird in deutschen Wirtschaftsmedien als Vorreiter der Agilität gefeiert. Praktiker übersehen bei ihrer Begeisterung für das Konzept, dass es PARSONS nicht um Assoziation mit Agilität, sondern um die Erklärung der Stabilität sozialer Systeme ging. Alle sozialen Systeme seien darauf angewiesen, Ziele zu erreichen, Subsysteme zu integrieren und ihre kulturellen Normen zu erhalten. Das Wort „Agil" steht bei PARSONS bloß als Abkürzung für diese von ihm als zentral betrachteten Funktionen der „adaption", des „goal attainment", der „integration" und der „latent pattern maintenance". PARSONS hätte ohne größere Schwierigkeiten die Funktionen auch anders anordnen können und sein Schema zum Beispiel, Liga, Call, Algil oder Igal nennen können. Hätte TALCOTT PARSONS eine andere Abkürzung gewählt, wären die Verfechter der Agilität unter den Beratern und Managern vermutlich nicht über den Strukturfunktionalisten gestolpert, weil ihre Managementmode dann Ligalität, Gailität, Algilität oder Igalität hätten heißen müssen.

Wie kommt es, dass sich Praktiker von einer in ihren Ohren wohlklingenden wissenschaftlichen Abkürzung so irritieren lassen, dass sie gar nicht die Widersprüche zwischen ihrem auf Beweglichkeit, Flexibilität und Dynamik abzielenden Praktikerkonzept und einer auf Ordnung, Stabilität und Beharrung basierenden wissenschaftlichen Theorie erkennen? Während es früher möglich gewesen ist, Managementkonzepte allein auf ihre Bewährung in der Praxis zu begründen, hat es sich im Managementdiskurs durchgesetzt, die aktuell propagierten Konzepte wissenschaftlich zu adeln. Es gehört inzwischen zum State-Of-The-Art, aktuelle Führungskonzepte durch Referenz auf die Systemtheorie zu legitimieren, die Tatsache ignorierend, dass es aus dieser Theorie wenig Anhaltspunkte für Steuerungsmodelle mit dem für „agile" Konzepte üblichen Steuerungsoptimierungen gibt.

Bei der Verwendung soziologischer Konzepte im Managementdiskurs können wir ein Phänomen beobachten, das in der Wissenschaftsforschung als Ausbildung einer „Anwendungsrhetorik" bezeichnet wird. Damit wissenschaftliches Wissen für Praktiker nützlich sein kann, muss es durch sie so aufgearbeitet werden, dass es an ihre Probleme anschlussfähig wird.

Wissenschaftliche Konzepte werden von Praktikern dabei nicht als Gebilde zusammenhängender theoretischer Überlegungen gesehen, sondern als Basis für eine der bisherigen Vorgehensweise überlegene Praxis. Dafür werden theoretische Überlegungen simplifiziert, Begrifflichkeit umgedeutet und wissenschaftlich nicht gedeckte theoretische Verknüpfungen vorgenommen."
(STEFAN KÜHL, aktualisiert am 16.2.2019, Auszug)

Am 20. Februar 2019 schreibt STEPHAN BALZER in DIE WELT seinen Artikel „Generation Dilemma". Seine Kernaussage formuliert er mit der provokanten Feststellung:

„Die heutigen Topmanager haben ein Problem: Sie verharren in egozentrischen, traditionellem Denken und alten Mustern – mit wenig Begeisterung für Veränderung. Sie müssen abgelöst werden." Weiter einige seiner aufrüttelnden Formulierungen:

**Generation Dilemma**

Eine ganze Generation der heute 50-60-jährigen Topmanager steckt in einem Dilemma. Ein Leben lang haben sie sich  mit Intelligenz, Disziplin und Beharrlichkeit durch alle Hierarchien bis an die Spitze ihrer Unternehmen gekämpft. Aber ausgerechnet in der letzten Dekade ihres Arbeitslebens stellen die technologisch getriebenen Veränderungen in Wirtschaft und Gesellschaft ihn und seine Kollegen in den Führungsetagen vor Probleme. Denn die aktuellen Herausforderungen sind tiefgreifend und kommen mit hoher Geschwindigkeit. Und es fällt der Generation Dilemma schwer, darauf die richtigen Antworten zu finden, weil die gelernten Strategien und Lösungsansätze nur noch bedingt funktionieren.

Es fällt aber auch schwer, weil kulturell alles in Frage gestellt, wird, woran diese Generation bisher geglaubt hat: Hierarchien, Prozesse, Top-Down-Entscheidungen. Oben wird gedacht, unten wird gearbeitet.

Dabei ist Technolgieverständnis nur ein Teilaspekt der aktuellen Herausforderungen. Genauso wichtig ist die Fähigkeit, auf veränderte Rahmenbedingungen im Markt schnell zu reagieren und Unternehmen zukünftig zukunftsfähig zu machen. Dafür braucht man Ideen, die Bereitschaft, den Willen und den Mut, den Status quo in Frage zu stellen – und das fällt dieser Generation Dilemma einfach schwer.

Und jetzt wird das ganze Wissen und die ganze Erfahrung in Frage gestellt – allen voran von der so genannten Generation Millennials. Sie verurteilt das Modell der Gewinnmaximierung, kritisiert den fehlenden gesellschaftlichen Zweck von Organisationen, hält bestehende Unternehmenskulturen für unglaubwürdig und lässt sich mit Geld nicht locken. Eine Kollision der Wertemodelle. Dieser Umstand wird und muss Unternehmen in Deutschland in den nächsten Jahren beschäftigen.

Um erfolgreich in die Zukunft zu blicken, braucht es ein „Upgrade" der Führungskultur. Mehr Verständnis für digitale Technologien und die Bereitschaft, auch an der Unternehmensspitze Dinge noch mal ganz von vorn zu denken. Dazu gehört, Gelerntes, Erfahrungen über Bord zu werfen und mit Neugier und Offenheit die Zukunft zu gestalten. Wir müssen annehmen, dass nichts mehr so bleiben wird wie bisher. Die einzige Konstante, die wir haben, ist die der permanenten Veränderung. Bleibt der Veränderungsdruck von innen heraus aus, kreiert ihn der Markt selbst. Dann jedoch kann es für viele Unternehmen bereits zu spät sein. (STEPHAN BALZER, am 20.2.2ß19 in DIE WELT, ein Auszug)

Wer sich mit Unternehmen und Organisationen beschäftigt, weiß um die Tatsachen von

- Erfolg und Misserfolg,
- Stabilität und Instabilität,
- Veränderung und Beharrung,
- Stillstand und Innovation,
- Stabilität und Veränderung von Werten,
- Mutigen und Scheuen,
- Werteverzehr und Wertschöpfung,
- Kreativen und Komfortkapitalisten,
- usw.

Viele solcher Gegensätze könnten für das Spannungsfeld genannt werden, wenn es gilt, aktuelle oder überdauernde Interessen, Anforderungen und Fähigkeiten von und an Unternehmen und Organisationen zu formulieren.

Ist Agilität oder agil sein etwas Neues oder doch nur wieder „alter Wein in neuen Schläuchen"?

## Die Arbeitswelt von Morgen

Das Gallup Institut hat dem Thema „Agilität" in seiner Ausgabe 02 von 2019 eine besondere Aufmerksamkeit geschenkt. Auch Gallup verweist auf das Agile Manifest, ohne es genauer zu beschreiben, stellt aber fest, das agiles Handeln oder Agilität sich andere Kontexte außerhalb der Softwareentwicklerszene erobert hat und dabei eigene Schwerpunkte und Nuancen der Agilität beschreibt.

„Die Ausgabe ist unterteilt in:

* Was bedeutet Agilität für Unternehmer?
  Damit werden die Themen verbunden: Geschwindigkeit, Anpassungsfähigkeit, Trends setzen und Vorreiterrolle einnehmen. Damit soll Wachstum in unbeständigen Zeiten erreicht werden. Mit einer entsprechend formulierten Wertekultur im Unternehmen soll Mitarbeitern und Führungskräften für Veränderungen Mut gemacht werden.

* Agilität am Arbeitsplatz
  Auf operativer Ebene kann das Konzept der Agilität als die Fähigkeit der Mitarbeiter definiert werden, Informationen über Veränderungen im Umfeld zu sammeln und weiter zu geben, und schnell und zielführend auf diese Information zu reagieren.

Aus strategischer Sicht ist die Kombination aus Geschwindigkeit und datengesteuerter Innovation für viele Unternehmen von Bedeutung, um sich einen Wettbewerbsvorteil zu sichern."

Gallup misst Agilität, indem Mitarbeiter nach ihrer Zustimmung zu folgenden Aussagen befragt werden, die als Maßstab für „agil" oder „Agilität" stehen:

– In meinem Unternehmen verfügen wir über die richtige Einstellung, um schnell auf geschäftliche Anforderungen reagieren zu können.
– In meinem Unternehmen verfügen wir über die richtigen Arbeitsmittel und Prozesse, um schnell auf geschäftliche Anforderungen reagieren zu können.

Ein wichtiges Fazit aus den Antworten: Wie wichtig es ist, dass ein Unternehmen schnell auf geschäftliche Anforderungen reagieren kann, ist allein schon daran zu erkennen, dass Arbeitnehmer optimistischer sind, wenn es darum geht, die Gesamtleistung ihres Unternehmens einzuschätzen.

In diesem Zusammenhang definiert die Studie von Gallup drei Strategien zur Agilität:

1. Geschwindigkeit und Effizienz
   - Gestalten Sie jede Tätigkeit und jeden Prozess so einfach wie möglich
   - Setzen Sie Technologien ein, um Mitarbeiter dabei zu unterstützen, Ihre Arbeitszeit möglichst effizient und produktiv zu nutzen
   - Beseitigen Sie jede Art von Bürokratie bei der Entscheidungsfindung.
2. Freiheit zum Experimentieren
   - Definieren Sie, welche Risiken eingegangen werden können und welche Fehler tolerierbar sind.
   - Fördern Sie, dass sich jeder im Unternehmen mit Innovationen einbringen kann.
3. Kommunikation und Zusammenarbeit
   - Beseitigen Sie zwischen den Teams Silos und Abteilungen
   - Schaffen Sie Möglichkeiten für regelmäßigen Informations-, Ideen- und Wissensaustausch..

- Leitung eines agilen Unternehmens

Mitarbeiter in agilen Unternehmen sind eher der Ansicht, dass Kunden für das Unternehmen an erster Stelle stehen.

„Das Unternehmen benötigt in allen seinen Bereichen und Funktionen folgende acht Agilitätstreiber:

1. Kooperation: Zusammenarbeit, Vernetzung, Gemeinsamkeiten.
2. Speed of decision-making: Schnelligkeit der Entscheidungsfindung in der Einzelperson, in Gruppen und Teams, durch Festlegung von Prozessen.

3. Trial tolerance: Versuchs-, Test-, Fehlertoleranz. Definition der Nicht-Fehler-Toleranz.
4. Empowerment: Kompetenzentwicklung von Einzelpersonen, Gruppen und Teams, zur Selbstwirksamkeit und Selbstverantwortung anleiten und befähigen.
5. Technology adoption – Technologieübernahme, Technologieeinsatz, Digitalisierung von Standard-/Kernprozessen.
6. Simplicity: Einfachheit, Komplexität reduzieren, Verständlichkeit sicherstellen.
7. Knowledge sharing: Wissensaustausch, Wissen teilen. Wissen anbieten.
8. Innovation focus: Trends entdecken, Neues oder Alternativen suchen, finden oder kreieren durch Kreativitätsmethoden und -techniken."

Zusammenfassend kann festgestellt werden:

Einer der offensichtlichsten Vorteile ist, dass agile Unternehmen über die Fähigkeit verfügen, ihren Mitarbeitern ein Gefühl von Optimismus zu verleihen, dass das Unternehmen in disruptiven Marktbedingungen „überleben" – und wachsen – kann.

## Begriffsbestimmung und Definition

Agilität und agiles Handeln

- Im Agilitätsverständnis artikuliert sich das Grundsätzliche seiner thematischen Idee.
- Agiltät beschreibt Strategien und Maßnahmen, mit denen eine Organisation, auf der Grundlage ihrer Entstehungsidee, eine langfristige Überlebenschance im Wettbewerbsmarkt gewährleistet.

Organisationen sind Unternehmen, Verbände, NGOs und sonstige strukturierte soziale Konstellationen und Konstrukte.

Dies bedeutet, das jede Organisation in ihrem Agilitätsbemühen den Anforderungen von Produktivität, Wirtschaftlichkeit und Liquidität gerecht werden muss.

- Agile Strategien und Maßnahmen basieren auf Wissen, Werten und Methoden.

Dies bedeutet, das faktisch richtiges Wissen im Kontext des Handelns operalisierbar sein muss.

Die Werte des Unternehmens (Mission) sollten aus den Artikeln 1 und 2 des Grundgesetzes abgeleitet sein, denn Unternehmen sind frei nach HEINZ DÜRR „Gesellschaftliche Veranstaltungen".

Ein Repertoire von Methoden zur Analyse und Bewertung, generiert von Innovationen und Realisierung von Wertschöpfungen von Produkten und Dienstleistungen muss vorhanden sein.

- Jede Organisation muss seine individuelle Agilitätskultur beschreiben, definieren und festlegen.

Agilität gilt im abstrakten Sinne für alle Organisationen. Organisationen und Organisationsteile müssen nicht zwingend „agil" sein. Agiles Handeln ist nur zur Erlangung eines Wettbewerbsvorteils sinnvoll.

In diesem Buch „Das agile Mind-Set der Führungskompetenz" soll, um ein „Überleben" der Organisation oder Teile der Organisation zu sichern, Agilität als die Haltung, die Anforderung  und die Fähigkeit im Umgang mit Führungswissen und deren Bedeutung für konkrete Wertschöpfung der Organisation, seiner Teile und Menschen verstanden werden.

Führungswissen als Ausgangspunkt wirksamer Beeinflussung. Da Beeinflussung immer einmalig und situativ ist, gilt es, Führungswissen nicht starr und unreflektiert zu nutzen, sondern agil zu verwenden. Dabei stehen vier wertebasierte Begriffe für agiles handlungsorientiertes aber auch agiles handlungsaufforderndes Vorgehen im Mittelpunkt:

**Anpassungsfähigkeit, Antizipation, Pro-aktiv und Flexibilität**

Im Alltag, in der mündlichen und schriftlichen Kommunikation muss agiles Handeln oder Agiltät verständlich beschrieben werden.

- Anpassungsfähigkeit
  Organisationen und in ihr tätigen Menschen handeln „anpassungsfähig", wenn sie eingetretene Pfade (Prozesse) verlassen und den veränderten Anforderungen anpassen, ihre Komfortzone des werteorientierten Handelns in Frage stellen und „neues" oder „alternatives" werteorientiertes Handeln als Ausdruck und Ergebnis eigener Reflexion wollen. (Selbstorganisation)
- Antizipation
  Manche Entwicklungen entstehen und werden von „außen" vorgegeben, wie neue oder veränderte Gesetze, Vorschriften und Verordnungen. Es gilt diese Veränderungen frühzeitig zu erkennen und rechtzeitig in das Organisationsgeschehen zu integrieren (Motto: Die Schnellen fressen die Langsamen)
- Pro-aktiv
  Aus eigener Kraft Innovationen (Neuerungen) oder Produkt- oder Dienstleistungsvarianten für Abnehmermärkte kreieren und deren Realisierung planen. Pro-aktives Handeln ist initiatives Handeln. (Induktives Vorgehen)
- Flexibilität
  Flexibles Vorgehen oder Handeln besteht in der Fähigkeit aus einem Grundsatz oder Grundsätzen in einer  Situation eigenes Handeln abzuleiten, zu entwickeln und zu legitimieren (Deduktives Vorgehen).

## Unternehmen verstehen

Unternehmen, egal ob es sich um Profit- oder Nonprofit-Organisationen handelt, alle haben und benötigen

- „ihren Kunden"

Denn für „ihren Kunden" existieren sie und begründen ihre Legitimität Ihres Daseins.

Unternehmen – egal ob Profit- oder Nonprofit- Organisation – müssen mit ihren zur Verfügungen stehenden Geldern bewusst umgehen. Eine Dienstleitung, eine Produktion oder allgemein gesagt: Wertschöpfung, die nicht den Anforderungen an ...

- – Wirtschaftlichkeit,
- – Produktivität und
- – Liquidität

entspricht, ist teuer oder wird der Geldverschwendung zurecht angeprangert (siehe auch der jährliche Bericht des Bundes der Steuerzahler).

Aber Unternehmen und Organisation sind nicht nur ...
- – faktenorientierte Einrichtungen, sie stehen auch im
- – ethisch-moralischen Fokus der Öffentlichkeit.

Die Mission einer Unternehmung gibt Auskunft über ihr Wertegerüst, an dem sich Mitarbeiter und Führungskräfte (Innenverständnis) – aber auch Kunden und Lieferanten und die interessierte Öffentlichkeit (Außenverständnis) orientieren sollen und können. Werte sind ein Kulturverständnis für den Umgang unter- und miteinander.

## Der Mind und der Set

Mind-Set – 'mal wieder ein Modewort, ein englischsprachiges Modewort? Im Deutschen kennen wir seit langem dafür den Begriff „Mentalität" worunter jeder bei Wikipedia lesen kann:

- Mentalität (von lateinisch mens, den Geist betreffend) bezeichnet eine vorherrschende psychische Prädisposition im Sinne eines Denk- und Verhaltensmusters einer Person oder sozialen Gruppe.
- Der Soziologe THEODOR GEIGER bezeichnet Mentalität als „subjektive Ideologie". Er nimmt an, dass die Menschen aufgrund ihrer Schichtzugehörigkeit und den damit verbundenen Lebensverhältnissen eine bestimmte Mentalität entwickeln.

Unter Mind-Set kann man im Internet bei „Karrierebibel" lesen:

„Mind-Set ist einer dieser englischen Begriffe, die vielfältig übersetzt werden können. Im Allgemeinen hat es folgende Bedeutung:

- Denkweise
- Einstellung
- Gesinnung
- Haltung
- Lebensphilosophie
- Mentalität
- Orientierung
- Weltanschauung

Unsere Einstellung zu bestimmten Themen, wie wir denken, fühlen und handeln, hängt wechselseitig zusammen und ist geprägt von Erfahrungen, die wir gemacht haben. Dazu gehören natürlich positive, die uns in bestimmten Bereichen ermutigen und bestärken, und ebenso negative, die dazu führen können, dass wir uns einige Dinge nicht zutrauen."

## Definition

Mind-Set steht für eine Denk-, Deutungs- und Handlungslogik, wie Menschen Probleme allgemein und speziell erkennen, angehen, lösen und die Folgen des Handelns antizipieren können.

Die Basis eines Mind-Set besteht aus ...

- Wissensbeständen,
- Erfahrungen,
- Deutungen und Bedeutungen,
- Reflexionsvermögex,
- Thematischer Identifikation und
- bewusstem Bewusstsein.

Ein Mind-Set kann dogmatisch aber auch aufgeklärt genutzt werden.

Die Wirksamkeit des Mind-Set einer Person ist abhängig von ihren Motiven, Werten, Talenten und kognitiver Intelligenz. Frei nach dem Motto: Wo nichts ist, kann auch nichts wachsen.

So wichtig anpassungsfähig, flexibel und pro-aktiv zu sein ist und dabei auch noch Entwicklungen und Folgen zu antizipieren, so wahr ist auch, dass Menschen nur im Rahmen ihres Potenzials (was entwickelt werden kann) agil sein können.

Agilität kann kognitiv erklärt und definiert werden, aber 100 Gramm Agilität kann keiner kaufen. Ob ein Mensch grundsätzlich agil oder in einer Situation Agilität zulässt, kann nicht quantitativ gemessen werden – wohl aber qualitativ wahrgenommen werden. Dies macht es auch so schwierig, das richtige Maß von agilem Verhalten zu fordern und zu fördern.

MARKUS VÄTH schreibt in einem Artikel vom 9. März 2018 im Capital über „Drei Irrtümer über Agilität":

- Das Denkproblem
  VÄTH meint damit, dass Agilität und agiles Verhalten nicht angeordnet werden kann. Agil sein, ist Ausdruck einer Haltung.

- Das Käfigproblem
  Wenn Führungskräfte oder agile Betreuer abrupt Selbststeuerung und Selbstorganisation von den Menschen verlangen, werden sie in eine Arbeitskultur gezwängt, die sie nicht kennen und können. Es entstehen gruppendynamische Prozesse, die kaum eingehegt werden können.
- Das Trichterproblem und der Volldampf in den Burnout
  VÄTH meint, dass die Arbeit für Gruppen und Teams nie und nimmer ausgeht. Ganz im Gegenteil: Unsere VUKA-Welt produziert immer mehr und schneller Informationen und Aufgabenstellungen, die bearbeitet werden müssen.

Gruppen und Teams, die ideal nach agilen Prinzipien arbeiten, werden mit immer mehr an Arbeit zugeschüttet. Sie werden an ihre Belastungsgrenzen emotional und intellektuell geführt: Stress, Müdigkeit, Erschöpfung oder Burnout kann die Folge sein.

Es geht um Rahmenbedingungen, die agiles Verhalten und Handeln ermöglichen, aber auch gewährleisten. Die positiven Folgen von Agilität sollen für die Kunden (bezahlbarer Nutzen), die Mitarbeiter (motivierende Identitätsstiftung) und die Führungskräfte (Legitimierung der Daseinsberechtigung) das Unternehmen (nachhaltige Überlebensfähigkeit) und für die Öffentlichkeit (attraktive Arbeitgeber) spürbar sein.

Agil sein, heißt Experimente ermöglichen und einfordern – aber nicht um ihrer selbst Willen. In Abwandlung des bekannten Spruchs: Freude am Fahren, kann unter dem Aspekt der Agilität auch gesagt werden: Freude an der Arbeit.

> Das agile Mind-Set der Führungskompetenz fordert ein zukunftsgerichtetes Denken mit einem daran orientierten, situativem Handeln auf der Basis gesicherten Wissens von Führung.

## Agiles Verständnis umfasst mehr als prozessorientierte Methoden

Als Autor dieses Buches verfüge ich Erfahrung als Führungskraft in unterschiedlichen Positionen, Unternehmensgrößen und Branchen. Als Führungskräftetrainer bin ich in unterschiedlicher Intensität unterwegs. Als Personaldiagnostiker unterstütze ich Personen und Organisationen bei der Auswahl und Besetzung von Einstiegs- und Führungspositionen. Als Managementcoach und Klärungspartner habe ich tiefen Einblick in die Befindlichkeit von Menschen, wenn es darum geht in einer Aufgabenstellung erfolgreich und zufrieden zu sein.

Ich habe das Glück, dass ich eine Vielzahl von Unternehmen mit ihren Menschen in Ihrer Entwicklung begleiten durfte – aber auch musste. In dieser Eigenschaft sehe ich mich als Controller, aber auch als Entwickler menschlicher Befähigungen. Menschen sind lern- und entwicklungsfähig – aber nur innerhalb ihres Potenzials. Menschen haben eine individuelle und unverwechselbare Motivstruktur, verfestigte, identitätsstiftende Werte, eine zur Person gehörende Talent- und Begabungsstruktur und nicht zuletzt eine kognitive Kraft, die ebenfalls nicht beliebig veränderbar ist.

Mit dem Buch möchte ich das Augenmerk auf Merkmale von Agilität und „agil sein" lenken, die über die übliche prozessorientierte Methodenbetrachtung – hauptsächlich in der Prozessentwicklung, wie der Einsatz von SCRUM, KANBAN, HOLOKRATIE, DESING THINKING und dergleichen hinausgehen, die nach meiner Meinung in der bisherigen Diskussion nicht angemessen berücksichtigt sind ...
- eine ganzheitliche und differenzierte Sichtweise von Agilität für den einzelnen Menschen ermöglichen;
- Kompetenz als Grundlage von „agil sein";
- Faktisches Wissen von Führung und der agile Umgang damit;
- agile Empowermentstrategien von Personen und Personengruppen;
- agile Kommunikation:

> Es geht also nicht um Software- oder Prozessentwicklung, sondern um die Nutzung von Wissen zur Führung. Insofern interpretiere ich die zwölf Grundsätze und die vier Werte des agilen Manifestes nicht mechanisch oder mechanistisch.

## Werteverzehr verhindern

Die BWL-basierten Begriffe Wertschöpfung und Werteverzehr hängen mit dem Thema „Agilität" und „agil sein", eng zusammen. Agilität zielt auf Entwicklungen auf ein Ziel bzw. auf ein Ergebnis in der Zukunft. Dies darf aber nicht nur neue und innovative Themen und deren strategischen oder operativen Erreichungen betreffen. Ja, die Zukunft im Blick haben, die Zukunft erreichen, ist zweifelsohne wichtig.

Wichtig ist aber auch die Ist-Situation zu überprüfen, ob sie geschmeidig und fehlerfrei oder zumindest fehlerarm gestaltet wird.

Mitte der 60er Jahre, vor Aufnahme meines Studiums, musste ich ein gelenktes Praktikum machen. Gelenkt deshalb, weil die Stationen des Praktikums durch das „Studienamt der FU" vorgeschrieben waren. Während dieser Zeit habe ich eine – auch noch heute – bekannte Unternehmensberatung mit ihrem Produkt „Gemeinkostenanalyse" kennen gelernt. Es ging um eine einfache Aufstellung der anfallenden Aufgaben am Arbeitsplatz jedes Sachbearbeiters, die nach Dringlichkeit und Wichtigkeit in die Stufen A,B und C einzuordnen waren. Die Berater konnten aus der Auswertung der Aufstellung drei Erkenntnisse ziehen:

1. Wurden die wichtigen Aufgaben erledigt?
2. Wurden Aufgaben doppelt bearbeitet?
3. Müssen Aufgaben mit der Wichtigkeit und Dringlichkeit der Stufe C eigentlich bearbeitet werden?

Die Folge aus den Ergebnissen der Gemeinkostenwertanalyse war:

1. Der Wertverzehr wurde verringert.
2. Die Bearbeitungsgeschwindigkeit der notwendigen Aufgaben wurde erhöht.
3. Was bisher auf „Zuruf" bearbeitet wurde, ist nun in einem Ablauf der Aufgaben (Geschäftsprozess) geregelt, mit klaren Zuordnungen der Bearbeitung und mit den entsprechenden Qualitäts- und Quantitätsanforderungen der Bearbeitung durch die Sachbearbeiter.

Gleichzeitig konnte in diesem Zusammenhang auch geklärt werden, wer macht was, bedingt durch die erforderlichen speziellen Fähigkeiten und Fertigkeiten der vorhandenen Mitarbeiter.

Unter dem Gesichtspunkt: „Agilität" oder „agil sein", verbunden mit der Intention den Werteverzehr zu reduzieren oder zu vermeiden, sollte ...

- jeder Mitarbeiter und jede Führungskraft über eine aktuelle Aufgabenbeschreibung oder dem Aufgabenprofil seiner Stelle/Funktion verfügen.
- Die Arbeitsabläufe/operative Geschäftsprozesse sollten auf Befähigung der Beteiligten und auf Sinnhaftigkeit des Verlaufs auf aktuellem und von den Beteiligten akzeptierten Stand sein.
- Um die Sinnhaftigkeit des Tuns zu belegen, sollte jeder Positions- oder Stelleninhaber das langfristige Ziel seiner ihm übertragenden Aufgaben kennen.
- Die Stellvertretung für den Abwesendheitsfall, wie Krankheit, Urlaub oder Dienstreisen sollte festgelegtg sein.

Allein mit diesen vier Aktivitäten schaffen Sie die Voraussetzungen und richten und schärfen den Blick für das Wesentliche jedes Handelns: Die Wertschöpfung. Gleichzeitig reduzieren Sie den Werteverzehr.

Die oben im Text angesprochene Untenehmensberatung, versprach mit der Gemeinkostenanalyse eine Kostenreduzierung von 40 %. Tatsächlich konnten Einsparungen in den Größenordnungen von 15-25 % erreicht werden. Dadurch entstand eine „Ordnung der Klarheit". Klarheit darüber „wer tut was" sowie warum und für wen  wird es gemacht.

**Agilität entsteht nur auf der Basis „strukturierter Klarheit".**

## Was ist eigentlich Kompetenz?

Kompetenz ist ein schillernder Begriff, der nicht einheitlich von allen Menschen in allen sich ihnen bietenden Lebens- und Arbeitssituationen verstanden und gehandhabt wird.

Kompetenz bedeutet Zuständigkeit, Befugnis und Erlaubnis.

Darüber hinaus kann Kompetenz aber auch als Verpflichtung interpretiert werden und manchmal auch als Begabung, Talent, Können, Qualifikation, Sachverstand und Beschlagenheit bezeichnet oder synonymhaft verwendet werden.

Kompetenz hat eine Person – aber auch eine Institution – in Situationen Entscheidungen treffen zu können, zu dürfen aber auch zu müssen.

> Kompetenz kann man nur im Handeln von Menschen sehen. Kompetenz zu haben ist ein Anspruch. Kompetent dagegen ist, wer seine Kompetenz in einer spezifischen Situation erfolgreich einsetzt, anwendet oder als Rat an andere Menschen weitergibt.

Kompetenz und kompetent sind zwei Begriffe für Wirksamkeit, die die Kompetenz als eine grundsätzliche Voraussetzung für Handeln und kompetent als situatives Handeln bezeichnen.

Die Beschäftigung mit Kompetenz ist spannend aber auch anspruchsvoll, weil Kompetenz für Komplexität im Verstehen und kompetent für die unkomplizierte Anwendung der Kompetenz in der Situation steht.

Dieses Buch verwendet den Begriff Kompetenz ...

- als die Fähigkeit komplexe Anforderungen an Lösungen und Resultate in allen Lebenslagen wirksam und deren akzeptierten Folgen des Erfolgs zu wandeln.

Denn das Erkennen und Begreifen von grundsätzlichen und situativen Anforderungen und deren erfolgreichen Veränderungen ist nie einfach oder simpel.

**Was ist eigentlich Führung?**

Führung ist Beeinflussung und Einflussnahme. Insofern ist Führung immer absichtsvoll. Führung beachtet und verwirklicht Interessen. Führung ist nur öffentlich erkennbar, weil Führung verändert.

Jeder kann Jeden führen. Führung ist kein Privileg von oder für Männer oder Frauen. Führen ist keine Frage des Alters, des Geschlechts, der Bildung, der kulturellen Wurzeln oder religiösen Zugehörigkeit.

Führung und führen erfolgt durch Arme wie durch Reiche. Führung kann boshaft genauso wie hingebungsvoll sein.

Führen und Führung gab es zu allen Zeiten und wird es in allen Zeiten geben.

Wertvolle oder wertlose Führung entsteht erst in der Deutung der Absicht von Führung, der Handhabung von Führung und den Folgen der Führung.

Der Zeitgeist richtet über Führungskonzepte und Führungskonzeptionen.

Wer die Deutungshoheit über Führung hat, hat recht und sei es nur für eine geringe Zeit. Insofern unterliegt auch Moral und Ethik von Führung dem Wandel der Zeit.

Das Ringen und der Kampf um die Deutungshoheit 'was Führung ist' führt zu keinem einheitlichen Führungsverständnis in der großen und der kleinen Welt seiner Anwendung.

Führung vollzieht sich über einheitliche und standardisierte Interventionen. Diese standardisierten Beeinflussungen gelten in allen persönlich-privaten Lebenslagen und in allen beruflichen Lebenslagen. Diese Standards als Grundsätze der Führung werden mit unterschiedlichen situationsabhängigen sachlich-fachlichen Inhalten gefüllt, um in der individuellen Situation nützlich, verstehbar und anwendbar zu sein. Eltern, Ausbilder, Führungskräfte, Polizisten usw. wenden diese Standards an – machmal mit unterschiedlichen Begriffen aus unterschiedlichen Traditionen.

## Was ist eigentlich Führungskompetenz?

Ein Mensch verfügt über Führungskompetenz, wenn er in der Lage ist, situativ die erfolgswirksamen Interventionen der Führung in Führungssituationen einzusetzen und anzuwenden.

Voraussetzung dafür ist, dass ...

- die Situation allen Beteiligten bekannt und erkannt ist;
- die geeigneten Ressourcen der Beteiligten genutzt werden;
- die Beteiligten mit der Einflussnahme einverstanden sind;
- die Beteiligten die Folgen der Beeinflussung akzeptieren;
- die Beteiligten neuerliche Beeinflussungen als sinnvoll erachten.

Führungskompetenz ist die Grundlage und Voraussetzung kompetenter Führung. Führung bezieht sich auf die Beeinflussung von Menschen, Strukturen und Sachthemen. Insofern ist Führung, reduziert auf Menschen, ein unvollkommenes Verständnis von Führung. Die Unterteilung von Führung, Management oder Leadership ist fachlich nicht nur obsolet sondern in der Sache falsch.

Führungskompetenz beachtet die Vielzahl von Faktoren, die unter sich interagieren. Insofern war und ist Führungskompetenz immer systemisch. Ein mechanistisches Weltbild für Führungskompetenz gab es nie.

Kompetentes Handeln als Ausdruck von Führungskompetenz will „Mehrheiten" überzeugen und gewinnen. Insofern ist Führung auch immer ein „Mehrheitsbeschaffungsprogramm". Führung ist nicht immer erfolgreich, weil auch Kompetenzstrukturen letztlich unvollkommen sind.

Führungskräfte – egal welcher Branche, Unternehmensgröße, Position und Berufserfahrung – gehen immer das Risiko des Scheiterns ein. Deshalb sollten alle Führungskräfte Respekt vor kompetentem Handeln haben.

## II. Aus welcher Struktur besteht Kompetenz?

Der Begriff Kompetenz wird leider in vielen Bedeutungsschattierungen in Wissenschaft und Praxis verwendet. Kompetenz meint Sachverstand, Fähigkeit – Kompetenz ist aber auch die Zuständigkeit, sich zu Themen und Sachverhalten zu äußern – hin bis zu dem Verständnis, dass Kompetenz als Entscheidungszuweisung verstanden wird. Kompetenz kann auch als Pflicht zum Handeln verstanden werden. Ganz allgemein wird unter Kompetenz die Ansammlung von Wissen, Fähigkeiten und Fertigkeiten verstanden.

Das Wissen, die Fähigkeiten und Fertigkeiten stammen aus unterschiedlichen Quellen. Wissen, Fähigkeiten und Fertigkeiten werden sowohl grundsätzlich für das Handeln benötigt als auch für das Handeln in konkreten Situationen.

Die Struktur einer Kompetenz erklärt, aus welchen Quellen allgemeines und konkretes Handeln legitimiert wird. Das Kompetenzmodell beschreibt die vier Ressourcenquellen, die in jeder Handlung mit ihren Merkmalen angemessen vertreten sind bzw. vertreten sein müssen.

- Die persönliche Kompetenz besteht aus den Ressourcen: Motive, Werte, Begabungen und der kognitiven Intelligenz eines Menschen.
- Die fachlich-methodische Kompetenz beschreibt das Fach- und Methodenwissen eines Menschen in einem Fachgebiet.
- Die sozio-kommunikative Kompetenz beschreibt die Fertigkeiten und Fähigkeiten zur Kommunikation in einem sozialen Kontext.
- Die Feldkompetenz beschreibt die persönliche und berufliche Erfahrung in einem fachlichen und branchenorientierten Kontext.

Kompetenz beschreibt also ganz allgemein eine Vielzahl von Ressourcen. Dieser generelle Ressourcenbesitz ist Grundlage und Voraussetzung für konkretes Handeln in der Situation. Die wirksame Handlungskompetenz entsteht aus der kompetenten Verknüpfung von Einzelressourcen.

## Das grundsätzliche Kompetenzmodell

Das nachfolgende Kompetenzmodell beschreibt ganz grundsätzlich – also abstrakt – aus welchen Einzelteilen es besteht. Dieses generelle Verständnis gilt in allen Situationen und deren Anforderungen, egal ob Sie Teamleiter in der Fertigung, Abteilungsleiter im Verkauf, Verkäufer, Rechtsanwalt, Geschäftsführer oder eine sonstige Aufgabe, Tätigkeit oder Positionsausübung wahrnehmen.

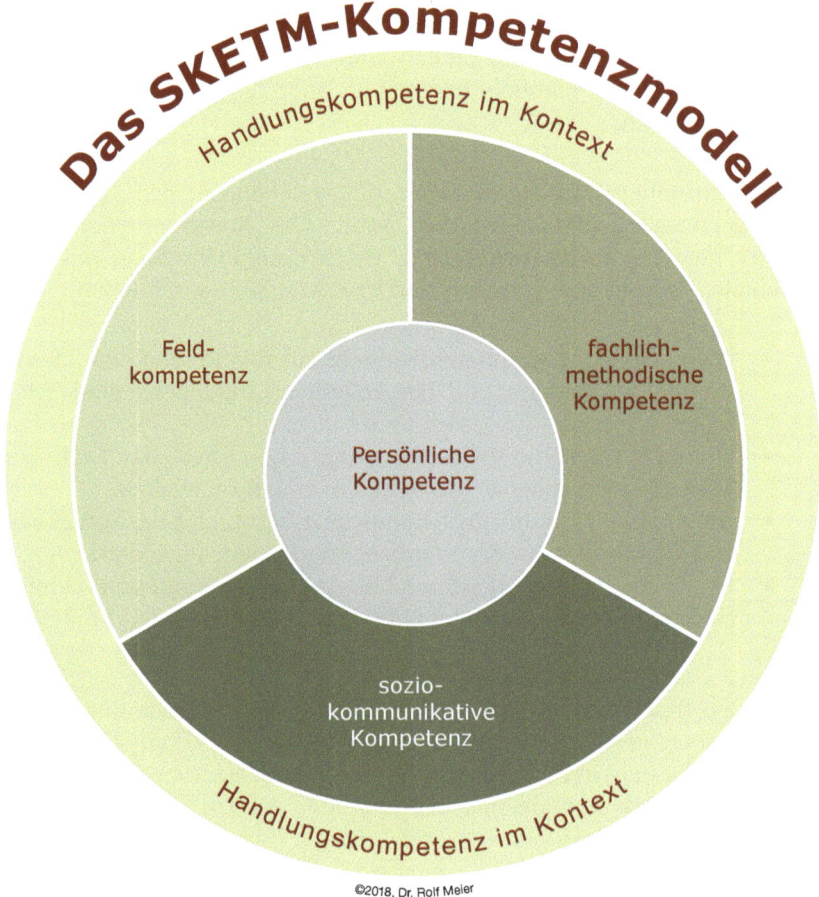

©2018, Dr. Rolf Meier

**Das erweiterte Kompetenzmodell**

Das grundsätzliche Kompetenzmodell muss unter dem Aspekt Führungskompetenz entsprechend konkretisiert werden. Das erweiterte Kompetenzmodell der Führung gilt für alle Führungskräfte, unbeschadet ihrer
Position im hierarchischen Gefüge einer Organisation. Die Nutzung der
einzelnen Kompetenzmerkmale ist unterschiedlich intensiv in unterschiedlichen Kontexten.

©2014, Dr. Rolf Meier

## Die positionsspezifische Kompetenz

Die positionsbezogene Kompetenz entsteht aus dem Aufgabenprofil, der damit verbunden Anforderungen (Kompetenzanspruch) und den daraus ableitbaren aber auch überprüfbaren Fähigkeiten des Stelleninhabers (kompetent sein im Einzelfall).

## Aufgabenprofil

Synonyme für Aufgabenprofil sind auch Stellenbeschreibung, job-description oder Arbeitsplatzbeschreibung. Sie alle sind der Versuch eines Ordnungs- und Orientierungssystem, das Auskunft über die Daseinsberechtigung und Sinnhaftigkeit der Postion/Stelle gibt. Im Einzelnen geht es um das Ziel der Stelle, die Aufgaben und den damit verbundenen Kompetenzen (Vollmacht), Hierarchieordnung, Stellvertretung und die Informationskanäle. Wie schon früher beschrieben sollte der Marketingaspekt deutlich in der Positionsbeschreibung erkennbar sein, verbunden mit dem Ziel der Stelle wird eine starke kundenorientierte Zukunftsausrichtung vorgegeben.

Das wäre dann ein agiles Aufgabenprofil.

## Anforderungsprofil

Um Ziele, Aufgaben und Kommunikation kundengerecht in der Aufgabenstellung zu bewerkstelligen oder zu bewältigen, beschreibt das Anforderungsprofil alle Fähigkeiten, Fertigkeiten und Eigenschaften, die ein Bewerber für eine Stelle oder für einen Stelleninhaber in der Aufgabenbewältigung besitzen oder mitbringen muss/sollte.

Das positionsspezifische Kompetenzmodell wird im Aufgaben- und Anforderungsprofil konkret und sichtbar.

## Das Fähigkeitsprofil

Ein Fähigkeitsprofil beschreibt, dokumentiert oder listet im Sinne einer prozentualen Intensität die einzelnen konkreten Fähigkeiten auf. Diese Ist-Aufnahme der Fähigkeiten eines Stelleninhabers sind dann die Grundlage und Ausgangspunkt von ...

- Jahresgesprächen,
- Entwicklungs- und Fördergesprächen,
- Kritik-, und Feedbackgesprächen,
- Versetzungs-, Abmahn- oder Kündigungsgesprächen.

Die klassische Nutzung von Anforderungs- und Fähigkeitsprofilen hat unter dem Aspekt der Agilität mehrere grundsätzliche Schwächen. Sie integrieren in der Regel nicht die Ziele und Inhalte von Empowerment, Selbststeuerung und Selbstorganisation des Stelleninhabers. Die Freiheitsgrade, die mit Agilität verbunden sind, werden nicht konzeptuiert. Dies gilt auch für Gruppen oder Teams und den damit verbundenen Aufgaben-, Anforderungs- und Fähigkeitsprofilen.

Hinzu kommt, dass Motive, Werte, Begabungen und kognitive Intelligenz weder in den Anforderungsprofilen noch in den Fähigkeitsprofilen derzeit eine Funktion haben. Erst die bewusste Nutzung dieser Ressourcen und deren dramaturgisch-flexible Interpretation und Einsatzverwendung kann agiles Handeln begründen.

## Die grundsätzliche und die individuelle Kompetenz

Unternehmen, wie alle anderen Organisationsformen, haben einen sehr spezifischen thematisch-inhaltlichen Kern. Ein Fraunhofer Institut hat einen anderen thematischen Wesenskern als ein Touristikunternehmen wie z.b. TUI. Gewiss, Unternehmen in einzelnen Branchen, ähneln sich im thematischen Kern. Trotzdem werden auch diese Unternehmen sich in bestimmten Teilen unterscheiden. VW, Mercedes und BMW sind Automobilhersteller und trotzdem werden sie das Kompetenzmodell „ihres" Unternehmens nicht mit einem anderen tauschen wollen – sie würden ihre Identität verlieren.

Ähnlich ist es mit einem einzelnen Unternehmen. Würde man ein unternehmensorientiertes Kompetenzmodell mit den grundsätzlichen Aufgaben, Anforderungen und Fähigkeiten kreieren, hätten alle anderen betrieblichen Funktionen eine Orientierung für ihr spezifischen Kompetenzmodell – bis hin zur konkreten Beschreibung von einzelnen Stellen, Arbeitsgruppen oder Teams.

Wenn es gelingt die Grundpfeiler von Agilität und agilem Handeln in so ein Kompetenzmodell zu integrieren, wäre Agilität im gesamten Unternehmen verankert. Das Fähigkeitsprofil des Unternehmens würde genauso Auskunft geben über den Stand der quantitativen und qualitativen Wertschöpfung, wie auch Funktions- oder Stellenbetrachtungen.

Dabei haben die Motive, Werte, Begabungen und die kognitiven Intelligenzen eine zentrale Bedeutung. Diese überwiegend emotionalen „Ressourcen" können Agilität fördern aber auch ausbremsen. Erfolgreiche Personalauswahl für eine Position, Gruppen- und Teamzusammensetzungen für Routineaufgaben oder Zukunftsprojekte im Unternehmen ohne deren angemessene Beachtung wird wenig erfolgreich sein.

Insofern ist Agilität im Unternehmen ein Thema, das alle Aufgabenstellungen und alle hierarchischen Strukturen betrifft. In der Managementausbildung gelten seit Jahrzehnten die Sätze „Die Treppe wird von oben gefegt" und „Der Fisch fängt am Kopf an zu stinken". Vorstände, Geschäftsführer und die strategischen Führungskräfte eines Unternehmens sollten das „Agil-Gen" in sich haben, sonst klappt's eben nicht mit der Agilität, weil diese Personengruppe kein Vorbild für Agilität sind, bzw. aus Unvermögen Agilität verhindern, weil sie sie nicht erkennen.

## Die KEPNER-TREGOE-Methode

1. **Situations-/Ursachenanalyse**
   - Entscheidet welche Analyse für diese Situation angebracht ist
   - Vereinfacht und zergliedert die Situation
   - Legt Prioritäten fest
   (= erkennen und sichern)

2. **Problemanalyse**
   - Problem/Thema wird definiert und beschrieben
   - Mögliche Ursachen identifizieren
   - Ursachen werden auf Wahrscheinlichkeit geprüft
   (= Ursachen definieren)

3. **Entscheidungsanalyse**
   - Entscheidungssache definieren
   - Ziele festlegen
   - Ziele klassifizieren und gewichten
   - Alternativen suchen und bewerten
   - Vorläufige Maßnahmen
   - Abstellmaßnahmen
   - Anpassende Maßnahmen
   - Vorbeugende Maßnahmen
   - Eventualmaßnahmen
   - Nachteile der Alternativen bewerten
   - Entscheidung treffen
   (= Alternativen bewerten)

4. **Analyse potenzieller Probleme**
   - Kritische Bereiche erkennen und festlegen
   - Kritische Bereiche auf Probleme untersuchen
   - Probleme bewerten
   - Vorbeugende Maßnahmen treffen
   - Warn-Meldesystem einbauen
   (= Hindernisse erkennen)

## III. Das Generelle der Emotion

Als ich in den 60er Jahren an der FU Wirtschaftswissenschaften studierte, kamen Emotionen in der BWL nicht vor – sieht man von den aufkommenden Marketinggedanken ab. Führung und Emotion, Führungskräfte und Emotionen – war kein Thema.

In den letzten Jahrzehnten hat der Mensch mit seinen Motiven, Werten und Begabungen eine immer wichtigere Funktion bekommen in der Betrachtung von „Was ist Führung".

> Eine Kompetenzbetrachtung, die Emotionen außer acht lässt ist nicht nur unvollkommen, sondern auch falsch.

- Emotionen sind Gefühle
  (...es fühlt sich an .., ... das hört sich gut an ..., es ekelt mich ... udgl.)
- Emotionen sind Gemütsbewegungen
  (... einmal nochmal lachen können ..., ich trauere um einen Freund ... udgl.)
- Emotionen sind Motive
  (... ich könnte den ganzen Tag in diesem Fachbuch lesen ..., ... gewinnen ist mir sehr wichtig ...udgl.)
- Emotionen sind Werte
  (... die Freiheit zu verteidigen, ist mein Lebensinhalt ..., ... ich arbeite gern effektiv und effizient ... udgl.)
- Emotionen sind Begabungen
  (... ich mag gern Klavier spielen ..., ... ich argumentiere gern logisch ... udgl.)
- Emotionen sind Deutungen
  (... schön, das Glas ist doch noch halb voll ..., ... dir geht es gut, kann ich deutlich sehen ... udgl.)

Emotionen kann keiner messen oder quantifizieren. Emotionen sind in ihrer Intensität unterschiedlich. Emotionen sind nur individuell erfahr-, erleb- und lebbar. Emotionen sind menschlich. Unternehmen ohne Emotionen sind ohne Leben. Agilität ist Emotion.

## Die Motive

Die Neurowissenschaften lehren uns, dass Entscheidungen ein psychobiologisches Wohlbefinden auslösen sollen, damit es dem Menschen gut geht. Der Mensch als biologisches und kulturelles Wesen möchte mit der gefällten Entscheidung angenehm leben. Im Grunde geht es um die Folgen der Entscheidung, die der Psychologe HEINZ HECKHAUSEN und seine Schüler im Rubikon-Modell beschrieben haben. Eine zukünftige Situation muss hoch attraktiv sein, sonst wird ein Mensch sie nicht anstreben, erreichen, sich anstrengen und sich deshalb disziplinieren wollen. Oder kurz gesagt: Veränderungen sind Ausdruck hoch attraktiver Kontexte, in denen sich Motive befriedigen können.

> Dabei können Veränderungen durch Angebote der Befriedigung von Motiven, aber auch durch die Suche der Motive nach attraktiven Kontexten ausgelöst werden.

Die Psychologie unterscheidet gerne nach ...
- intrinsischen Motiven – Strebungen, die von innen kommen und das Verhalten initiieren. Sie gelten als angeboren;
- extrinsischen Motiven – im Sinne von Werten, die einen Auslöser-Einfluss aber auch einen Beeinflussungs-Einfluss auf das Verhalten des Menschen haben. Diese extrinsischen Motive (Werte) gelten als gelernt. Werte sind Orientierung für attraktives Verhalten. Die identitätsbestimmenden Werte eines Menschen werden in den ersten Lebensjahren (6. bis 8. Lebensjahr) gelernt und gelten als dauerhaft stabil.

In der wissenschaftlichen Psychologie gilt es als unbestritten, dass es drei grundsätzlich angeborene Motivarten gibt. Diese so genannten big three sind ...
- das Anschluss- oder Zugehörigkeitsmotiv,
- das Machtmotiv,
- das Leistungsmotiv.

Diese drei Motivarten gehen auf den Psychologen DAVID MACCLELLAND zurück und sind die Erkenntnis- und Deutungsgrundlage für alle weiteren psychologischen Forschungen im Bereich *Motive*.

In diesem Zusammenhang ist die Frage interessant, wenn es denn nur drei Grundmotive gibt, wie kann dann die in diesem Führungsverständnis präferierte und verwendete MotivationsPotenzialAnalyse (MPA) Aussagen zu 26 Einzelmotiven machen?

Motiv ist definiert als unspezifischer Beweggrund für ein Verhalten. Das Motiv ist da und sucht sich Kontexte, in denen es sich befriedigen kann. Kontexte sind aber immer real-spezifisch mit einem konkreten Themeninhalt. Das Motiv wird im Alltag nur anhand konkreter Themenzuordnung erkennbar. Deshalb wird das konkrete Motiv auch als Bedürfnis bezeichnet – als der spezifische Beweggrund für ein Verhalten.

Die 26 Motive sind thematische Konkretisierungen der *big three*. Sie sind schlicht gesagt aus den *big three* abgeleitet und im wissenschaftlichen Kontext durch entsprechende Verfahren legitimiert.

Motive sind angeboren und verfestigen sich im Laufe des Lebens. Motive sind aber in jedem Menschen nicht gleich stark in ihrer Intensität verankert – Motive *interessieren* sich nicht für jeden thematischen Kontext.

Menschen können sich nur für etwas interessieren, was sie kennen und entsprechend ihren Talenten/Begabungen intellektuell angemessen durchdringen und emotional angemessen attraktiv finden. Bedürfnisse als konkrete Motive können nur entstehen, wenn der Mensch *Themenkenntnisse* hat und diese Themen als attraktiv bewertet.

Es geht um die Bedeutung des Motivs, um die Bedeutung des Bedürfnisses, um den „Wert des Wertes" und um das Ausmaß der Begabung, damit mit der Beschäftigung eines Themas und seinen Beschäftigungsfolgen das sprichwörtliche psychobiologische Wohlbefinden entsteht. Platt formuliert: Was mich nicht anmacht – interessiert mich eben nicht.

Die drei Motivarten Macht, Leistung und Anschluss müssen für den Einzelnen in seiner Ausstattung mit Wissen, Erfahrung und Begabung spezifisch konstruktivistisch erlebbar und begehrlich sein.

Die 26 Motive der MPA orientieren sich an den *big three* in der Konkretisierung zur Arbeits- und Berufswelt. Alle Themen im Rechtskonstrukt Unternehmen sind Ausdruck von Führung, Strukturen und betriebswirtschaftlicher Wertschöpfung (siehe auch: www.motivations-analytics.eu).

## Motivkategorien, Motive und Definitionen

| | | |
|---|---|---|
| Auswirkung | Vorsicht | Streben nach Gewissheit von Folgen |
| | Wagnis | Streben nach Nervenkitzel |
| Beziehung | Distanz | Streben nach emotionalem Abstand zu anderen |
| | Kontakt | Streben nach emotionaler Nähe zu anderen |
| Einordnung | Natürlichkeit | Streben nach bodenständigem Verhalten |
| | Status | Streben nach öffentlicher Achtung der eigenen Person |
| Freiheit | Mitentscheidung | Streben nach gemeinschaftlichen Entscheidungen |
| | Selbstentscheidung | Streben nach Selbstbestimmung |
| Grundsatz | Auslegung | Streben nach zweckorientierter Interpretation von Regeln und Normen |
| | Prinzip | Streben nach Orientierung an vorhandenen Regeln und Normen |
| Komplexität | Erkenntnis | Streben nach dem Verstehen von Zusammenhängen und Hintergründen |
| | Pragmatik | Streben nach direktem Handeln |
| Körper | Aktivität | Streben nach körperlicher Bewegung |
| | Ruhe | Streben nach körperlicher Entspannung |
| Offenheit | Abwechslung | Streben nach neuen Erfahrungen |
| | Routine | Streben nach geordnetem Vorgehen |
| Struktur | Flexibilität | Streben nach flexiblem Vorgehen |
| | Ordnung | Streben nach geordnetem Vorgehen |
| Unterstützung | Selbstlosigkeit | Streben danach für andere da zu sein |
| | Selbstorientierung | Streben nach eigenen Vorteilen |
| Verantwortung | Durchführung | Streben nach der Umsetzung von Vorgaben |
| | Einfluss | Streben nach Verantwortung und Gestaltung |
| Wertschätzung | Fremdanerkennung | Streben nach persönlicher Rückmeldung von anderen |
| | Selbstanerkennung | Streben nach persönlicher Rückmeldung durch sich selbst |
| Wettbewerb | Balance | Streben nach dem Ausgleich von Interessen |
| | Dominanz | Streben nach dem Gewinnen |

## Die Werte

Werte oder Wertiges werden im allgemeinen Sprachgebrauch als etwas Bedeutsames für Inhalte, Themen oder Situationen verwendet.

Wertvoll können Moral, Sitte, Ethik aber auch Kunst, Wissenschaften, Objekte und vieles mehr sein. Was von Wert ist, unterliegt der konstruktivistischen Deutung des Einzelnen.

Werte sind und werden gelernt. Die grundsätzliche Werteüberzeugung soll mit sechs bis acht Jahren der menschlichen Entwicklung abgeschlossen sein und ist in der Regel überdauernd stabil. Menschen handeln nach ihren Wertüberzeugungen in den jeweiligen Lebenssituationen.

**Vom Motiv zum Wert**

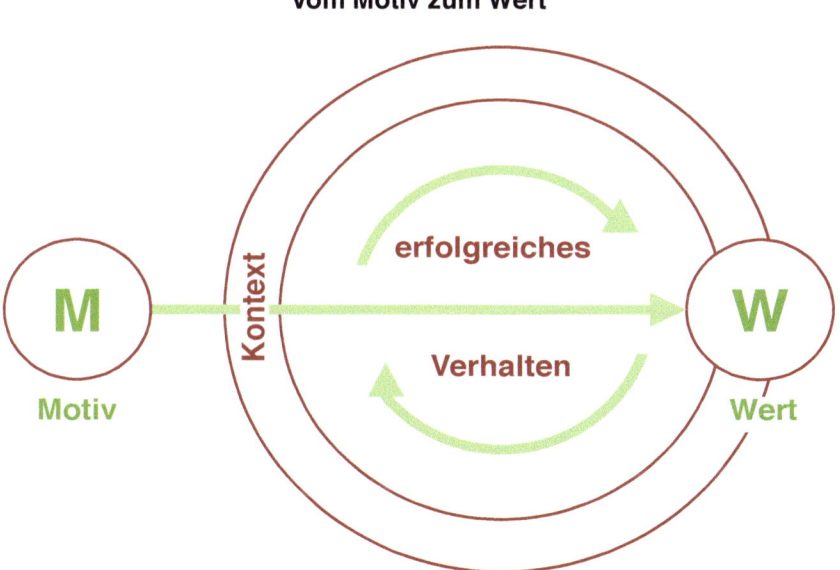

Werte können zu Glaubenssätzen werden, weil der Sinn des Wertehandelns nicht überprüft oder infrage gestellt wird. Sind Werte in allen Lebenssituationen Maßstab für das Handeln, können sie auch als geschützte Werte bezeichnet werden. Der Wert für das Handeln ist wichtiger als die Folgen des Handelns.

Das Selbsterleben des Einzelnen erfolgt durch seine gedeutete Selbstwahrnehmung. Insofern sind Werte identitätsstiftend, aber auch identitätsbildend. Die Bindung an eigene wertvolle Werte ist Ausdruck und Erlebnis der eigenen Identität. Je stärker der einzelnen Person die Wertigkeit der eigenen Identität bewusst und wertvoll ist, je stabiler wird sie im Entschluss der Verhaltens- und Handlungsbeharrung aber auch in der Verhaltens- und Handlungsveränderung sein.

Werte und deren bewertende Verwendung in kontextabhängigen Entscheidungen sind zwingend im Führungskontext zu erheben, da sonst der Einzelne nicht erkennen kann, aus welcher Werthaltung seine Entscheidungen entstehen.

Werte sind Orientierung für attraktives Verhalten.

Die nachfolgenden zwei Wertelisten sind ein Angebot für den Einzelnen im Führungskontext, um seine (gefühlten) Werte sprachfähig für sich und die Umgebung zu machen.

## Betriebswirtschaftlich-wertschöpfende Werte

| | | |
|---|---|---|
| Aktivität | Gewinn | Qualität |
| Arbeitszufriedenheit | Gewinnorientierung | Realismus |
| Ausdauer | Gewissheit | Rentabilität |
| Begeisterung | Handeln | Ressourcen |
| Beruf | Investition | Risiko |
| Betriebsergebnis | Konkurrenzorientierung | Risikobereitschaft |
| Bewegung | Kosten | Robustheit |
| Bilanz | Kreativität | ROI |
| Bonität | Kundenorientierung | Sachorientierung |
| Cash Flow | Leistung | Selbstverantwortung |
| Controlling | Leistungsbereitschaft | Sieg |
| Deckungsbeitrag | Lieferantenorientierung | Strategie |
| Dienstleister | Liquidität | Struktur |
| Disziplin | Markt | Systematik |
| Durchsetzungsvermögen | Mitarbeiter | Unternehmertum |
| Effektivität | Mobilität | Verantwortung |
| Effizienz | Mut | Wachstum |
| Ehrgeiz | Nachhaltigkeit | Wahrheit |
| Eigenverantwortung | Nutzen | Wertschöpfung |
| Einfluss | Pflichtbewusstsein | Wettbewerb |
| Einnahmen | Pragmatismus | Wirtschaftlichkeit |
| Erfolg | Preis | Zielorientierung |
| Ergebnisorientierung | Produkt | Zukunft |
| Ertrag | Produktivität | Zusammenhänge |
| Genauigkeit | Prozessorientierung | Zweck |
| Geschäftsprozesse | | |

## Psychologisch-menschliche Werte

| | | |
|---|---|---|
| Abgrenzung | Entscheidungsfähigkeit | Konsens |
| Abstand | Entwicklung | Loyalität |
| Achtsamkeit | Empathie | Materielle Sicherheit |
| Achtung | Erholung | Menschlichkeit |
| Ästhetik | Fairness | Mitgefühl |
| Akzeptanz | Familienleben | Motivation |
| Anerkennung | Flexibilität | Mobilität |
| Anpassungsfähigkeit | Freiraum | Nähe |
| Ansehen | Freizeit | Respekt |
| Aufmerksamkeit | Freundschaft | Ruhe |
| Ausgeglichenheit | Fürsorge | Sensibilität |
| Autarkie | Geduld | Sinn |
| Authentizität | Gemeinsamkeit | Sozialer Ausgleich |
| Balance | Gemeinschaft | Standhaftigkeit |
| Beachtung | Gerechtigkeit | Teamorientierung |
| Bestätigung | Gesundheit | Toleranz |
| Bequemlichkeit | Gleichheit | Unterstützung |
| Bildung | Harmonie | Verbindlichkeit |
| Bodenständigkeit | Helfen | Verlässlichkeit |
| Demut | Hilfsbereitschaft | Vertrauen |
| Dialog | Ideale | Verständnis |
| Distanz | Individualität | Wahrheit |
| Ehrlichkeit | Innovation | Wertschätzung |
| Eigennutzen | Integrität | Wirkung |
| Eigentum | Initiative | Würde |
| Ehrlichkeit | Karriereorientierung | Zugehörigkeit |
| Einfluss | Kompetenz | Zufriedenheit |
| Einklang | Komplexität | |

## Talente, Begabungen und Befähigungen

Motive treiben an. Motivation ist die Energie, die in einem Motiv verankert ist. Motive können nur in der konkreten Handlungssituation erkannt werden. Das Motiv ist spezifisch – konkret erlebbar geworden.

Manches wird gerne getan und anderes wird nicht *freudig* vollbracht.

Werte beeinflussen unser Handeln, unabhängig davon, ob es die eigenen Werte sind, die uns zu wertvollem Handeln mahnen, oder die Werte Dritter, die in Form von Geboten oder Verboten unser Handeln beeinflussen. Dazwischen gibt aber auch noch ein Handeln, weil es der Einzelne besonders gut kann. Die besondere Begabung, das besondere Talent, die besondere Befähigung. Begabungen, Befähigungen und Talente sind immer komplex, weil sie für die erfolgreiche Bewältigung von Aufgaben stehen.

Die „Intelligenzen" von GARDNER sind nicht als Intelligenz im Sinne eines Intelligenzquotienten oder Ausdruck eines durchgeführten Intelligenztestes zu verstehen (siehe www.talente-begabungen.de)

Die „Intelligenzen" nach GARDNER beschreiben einfach Talente, Begabungen und besondere Befähigungen, die der Mensch sich selber zuschreibt.

Jeder verfügt über diese „Intelligenzen" und jeder spürt oder weiß aus Erfahrung, dass bestimmte Begabungen, Talente und Befähigungen in spezifischen thematischen Kontexten besonders gern in Anspruch genommen werden.

Motive, Werte und „Intelligenzen" in diesem Sinne werden emotional von jedem Menschen bei sich wahrgenommen. Bestimmte Motive, bestimmte Werte und bestimmte „Intelligenzen" lösen einfach individuell psychobiologisches Wohlbefinden aus.

„Intelligenzen" sind der Person zugeordnet, so wie identitätsstiftende Werte der Person und die unverwechselbaren Motive der Person.

Die Entscheidungsbildung in Veränderungskontexten wird von diesem Dreiklang der persönlichen Kompetenz maßgeblich beeinflusst – in welche förderliche oder hinderliche Richtung auch immer.

# Die Intelligenzen nach GARDNER

*Logisch-mathematische Intelligenz*
- Probleme analytisch angehen
- Situationen auf Muster und Regelmäßigkeiten hin untersuchen
- logische und numerische Muster wahrnehmen und
- voneinander unterscheiden
- mit Ketten langer Schlussfolgerungen umgehen

*Sprachliche Intelligenz*
- ein Gespür für Sprache entwickeln und treffsicher einsetzen
- die eigenen Gedanken ausdrücken
- das Sprechen anderer verstehen

*Musikalische Intelligenz*
- Rhythmen produzieren
- Tonhöhen und Klangqualitäten erkennen
- musikalischen Ausdruck schätzen
- Musik komponieren

*Räumliche Intelligenz*
- räumliche Zusammenhänge erkennen und gedanklich umformen
- im Kopf komplizierte Objekte rotieren lassen

*Körperlich-kinästhetische Intelligenz*
- den eigenen Körper und seine Körperteile beherrschen, kontrollieren und koordinieren
- geschickter mit Gegenständen und Objekten umgehen
- Gespür für Bewegungsabläufe entwickeln

*Intrapersonale Intelligenz*
- seine Impulse kontrollieren
- eigene Grenzen kennen
- die eigenen Gefühle kennen und klug mit ihnen umgehen
- das eigene Wissen, die eigenen Stärken und Schwächen erkennen

*Interpersonale Intelligenz*
- andere Menschen und deren Beweggründe ihres Verhaltens verstehen
- Stimmungslagen anderer erfassen und einfühlsam mit ihnen kommunizieren
- sich für die Gedanken und Gefühle seiner Mitmenschen interessieren

*Naturalistische Intelligenz*
- Lebendiges beobachten, unterscheiden und klassifizieren
- Sensibilität für größere Zusammenhänge entwickeln

## Intelligenz ist in der Psychologie ein Sammelbegriff für die kognitive Leistungsfähigkeit des Menschen

*Kognition*
In der Psychologie bezeichnet Kognition die mentalen Prozesse und Strukturen eines Individuums wie Gedanken, Meinungen, Einstellungen, Urteile, Wünsche und Absichten. Kognitionen können als Informationsverarbeitungsprozesse verstanden werden, in denen Neues gelernt und Wissen verarbeitet wird, z.B. in Bezug auf Denken und Problemlösung.

*Die kristalline Intelligenz*
Die kristalline oder kristallisierte Intelligenz ergibt sich aus Lernprozessen im Laufe eines Lebens. Die Allgemeinbildung des Menschen und das Schulwissen sind Faktoren, die erhebliche Bestandteile der kristallinen Intelligenz bilden. Auch Erfahrungen, Erinnerungen und ein großer Wortschatz formen diesen Bereich der Intelligenz.

*Die fluide Intelligenz*
Diese Form der Intelligenz wird auch flüssige oder geistige Intelligenz genannt. Die Flexibilität und die Kreativität sind zwei wichtige Elemente, die ihr zugeschrieben werden. Die Schnelligkeit, mit der eine Person Situationen verstehen und sich ihr anpassen kann. Problemlösungsfähigkeiten und das logische Denken fallen in den Bereich dieser geistigen Flexibilität. Aber auch die Intuition und das Entwickeln neuer Ideen sind Fähigkeiten, die in die fluide Intelligenz mit einfließen.

Menschen verfügen über beide Ausprägungen der Intelligenz, der kristallinen und der fluiden. Allerdings ist das Ausmaß der Intelligenz unterschiedlich – sowohl zwischen der fluiden und kristallinen Intelligenz als auch zwischen Menschen. Die Intelligenz zeigt sich in der Güte des Ergebnisses.

Ein erprobter Intelligenz-Struktur-Test ist der 2000 R. Er misst die verbale (Satzergänzung, Analogien, Gemeinsamkeiten), die numerische (Rechenaufgaben, Zahlenreihen, Rechenzeichen) und die figural-räumliche Intelligenz (Figurenauswahl, Würfelaufgaben, Matrizen). Diese drei Intelligenzarten werden auch als schlussfolgerndes Denken bezeichnet. Darüber hinaus misst der Test noch die Merkfähigkeit und das Allgemeinwissen.

## Konstruktivismus

ist – in Anlehnung an Jean-Paul Thommen – die Erkenntnistheorie, die sich mit der Frage beschäftigt, wie wir zu unseren Erkenntnissen bzw. zu unserem Wissen kommen.

Der Konstruktivismus geht davon aus, dass gewisse Zweifel an dem Glauben angebracht sind, dass Wissen und Wirklichkeit übereinstimmen. Der Konstruktivismus postuliert, dass Wissen nicht das Ergebnis eines Abbildes im Sinn eines Entdeckens der objektiv vorliegenden Wirklichkeit ist, sondern das Ergebnis eines Erfindens der Wirklichkeit.

Das menschliche Gehirn erzeugt kein fotografisches Abbild von Wirklichkeit, sondern es schafft mithilfe von Sinneswahrnehmungen ein eigenes Bild der Welt. Wahr ist, was wahr-genommen wird. Der Konstruktivismus verleugnet die Wirklichkeit selbst nicht. Er behauptet nur, dass die Aussagen über die Wirklichkeit dem eigenen Erleben, der eigenen Geschichte, der eigenen Entwicklung und den eigenen (beschränkten) physischen Möglichkeiten der Wahrnehmung entspringen.

Aufgabe des Konstruktivismus ist es deshalb zu zeigen, wie Wirklichkeitskonstruktionen gemacht werden. Mit anderen Worten: Der Konstruktivismus nimmt Abschied von der absoluten Wahrheit.

Die Aussagen des Konstruktivismus haben weitreichende Konsequenzen für die Betriebswirtschaftslehre und für das Management. Sie zeigen, dass Management nicht in erster Linie bedeutet, die Wirklichkeit richtig zu sehen und zu erkennen und daraus die richtigen Schlussfolgerungen für die Führung von Mitarbeitenden und Unternehmen zu ziehen, sondern dass in der Betrachtung die unternehmerische Wirklichkeit konstruiert bzw. erfunden wird.

## Entscheidungen sind immer emotional

Management ist Ausdruck von oder Teil von Unternehmensführung. Dabei spielt die Größe, Differenzierung und Branche, in denen sich eine Unternehmung befindet, oder welche Rechtsform eine Unternehmung hat, keine entscheidende Rolle. Management als Synonym von Führung und Beeinflussung von Strukturen, Märkten und Menschen steht immer unter der Frage der Machbarkeit. Das Machbare ist sehr differenziert in seiner Entstehung und Legitimierung zu betrachten.

Anhänger einer eher mathematisch-naturwissenschaftlichen Betrachtung der Welt und damit auch der Unternehmenswelt, werden zu rationalen Erklärungen und Entscheidungen neigen.

Anhänger einer eher systemisch-evolutionären Betrachtung und Bewertung der Welt und damit der Unternehmenswelt werden eher der Unberechenbarkeit von dynamischen Prozessen das Wort reden.

Der Wunsch nach rationalen Entscheidungen ist verständlich, weil durch solche Entscheidungen Sicherheit ermöglicht wird. Welcher Mensch, welche Führungskraft, welcher Manager, welcher Unternehmer und welches Unternehmen möchte nicht erfolgreich sein – ermöglicht durch rationale Entscheidungen?

Der systemisch-konstruktivistische Ansatz von Führung im Verstehen und Beeinflussen von Einzelnen, Gruppen, Teams oder Organisations- und Unternehmenseinheiten orientiert sich nicht an einer objektiven Wirklichkeit und Wahrheit, sondern an der individuellen und damit subjektiven Konstruktion von Wirklichkeit.

Entscheidung = Ausdruck des psychobiologischen Befindens des Einzelnen, der Gruppe oder des Teams.

Anders formuliert: Da dem Einzelnen, der Gruppe oder dem Team kein Maßstab (Feedbacksystematik) für die oder für eine *richtige* Entscheidung zur Verfügung steht, ist der Einzelne, die Gruppe oder das Team auf die eigenen Potenziale und Ressourcen und deren kontextabhängige Bewertungen angewiesen. Im wahrsten Sinne des Wortes: Entscheidungen sind autoritär, weil sie einem emotionalen Selbstbezug entsprechen.

## Emotion und Fähigkeit

Motive und Bedürfnisse sind Emotionen, die eigenen Talente und Begabungen leben, ist Ausdruck von Emotion, Werte durch eigenes Verhalten sichtbar zu machen, ist gelebte Emotion.

Das Streben nach der Befriedigung von eigenen Emotionen (psychobiologisches Wohlbefinden) zieht sich durch das eigene Leben.

Faktenwissen wird situativ und individuell analysiert und bewertet nach emotionaler Bedeutung aus der Sicht und Interessenlage des Betrachters.

Verlassen Sie sich also nicht ausschließlich darauf, was ein Mensch faktisch gelernt oder erfahren hat, sondern interessieren Sie sich dafür, wie er mit dem Wissen „umgeht" oder vermutlich umgehen wird.

Für die Vorstellung oder Zusammenstellung eines Mind-Set von Führungskompetenz ist es deshalb nicht allein wichtig einzelne Aufgaben und Anforderungen aufzuschreiben und zu beschreiben.

Genauso wichtig ist es, die Motiv-, Werte- und Begabungsstruktur in einem Mind-Set der Führungskompetenz zu beschreiben.

Neben einem generellen Mind-Set der Führungskompetenz muss zwingend für einzelne typische Führungsausprägungen ein spezifisches Mind-Set erstellt werden.

Werte haben dabei eine wichtige Orientierungsfunktion in dem Sinne, das die Werte einer Aufgabenstellung/Position/Funktion Auskunft geben, wie sie gehandhabt werden sollte und für den Stelleninhaber, ob seine Wertestruktur zur Position kompatibel ist (Fähigkeitsprofil).

> Die Werte eines Menschen sind Ausdruck seiner Emotionalität, entstanden aus erfolgreich befriedigten Motiven und erfolgreich eingesetzten Begabungen in wiederkehrenden typischen Kontexten.

Betriebliche Positionen, Tätigkeiten oder Jobs, lassen sich im Grundsatz in sieben Kategorien einteilen – unabhängig von der Unternehmensgröße, Branche oder Unternehmensalter. Grundlage jeder beruflichen Tätigkeit sind Fachwissen und reflektierte Erfahrungen in den Arbeitsinhalten und Arbeitsbedingungen. Der Umgang damit entscheidet, ob die gezeigten Fähigkeiten und Fertigkeiten im Alltag als Kompetenz zum Erfolg führen. Erfolg für den Kunden, für Kollegen, für Mitarbeiter und natürlich auch für die „Chefs".

### Strategische Führungskräfte ...

sind Aufsichtsräte, Vorstände, Geschäftsführer, Bereichsleiter, Hauptabteilungsleiter... also Führungskräfte deren Arbeitsauftrag darin besteht, ein für das Unternehmen bedeutsames Fachgebiet inhaltlich mutig und kühn voranzutreiben und logische Handlungs- und Arbeitsstrukturen unter Berücksichtigung der Wirtschaflichkeit zu initiieren und durchzusetzen. Sie erkennen neue Entwicklungen. Eigeninitiativ achten sie bei der Entwicklung von Innovationen auf Effizienz als Prinzip. Sie ergreifen Initiativen als Ausdruck von Einfluss und gestalten deren Komplexität. Die Grundsätzlichkeiten des Bereiches selbst zu entscheiden als oberster Verantwortlicher ist ihnen wichtig – in Abstimmung mit Anderen.

### Strategische Mitarbeiter ...

arbeiten als Assistent, ausgewiesene Fachkraft, Stabsmitarbeiter... mit und für strategische Führungskräfte. Sie helfen durch Orientierung, Neues und Innovatives zu kreieren. Immer auf der Basis eines umfassenden fachlichen Know-hows im Sinne der Erkenntnis aus Analysen und erkennbaren Risiken. In der Regel auf der Basis einer wissenschaftlichen/universitären erfolgreichen Ausbildung/Studium. Pragmatisch „erfinden sie den Alltag", legen Zusammenhänge „mit Abstand" offen und strukturieren mögliche Strategien für zukünftiges effektives Handeln. Sie sind die Denker – Vor- und Nachdenker – die Konzeptionisten für gelingende Arbeit/Wertschöpfung für den Kunden. Sie sind eigenverantwortliche Mitglieder von „Denkfabriken". Sie argumentieren aus der Sache und üben Zurückhaltung mit eigenen Lösungen – sie stellen sich pragmatisch, ehrlich und authentisch zur Verfügung.

### Operative Führungskräfte ...

sind tätig als Gruppenleiter, Teamleiter, Projektleiter, Prozessverantwortliche .... also Führungskräfte, die am Puls der täglichen Arbeit mit ihren Mitarbeitern/Kollegen in Kontakt stehen. Operative Führungskräfte helfen durch ihr Pflichtbewusstsein den Gruppen- oder Teammitgliedern durch ihre ausgeprägte Mitarbeiterorientierung erfolgreich zu sein. Standhaft bieten sie Fairness und Mitentscheidung im Arbeitsalltag. Ihre Arbeitshaltung ist geprägt von Grundsätzen in der Arbeitserledigung und eine geordnete Menschlichkeit. Die Arbeit untereinander „flutschig und harmonisch" zu machen, ist ihr Job. Sie bieten die Nahrung (Kontakt und Zuwendung) und das Schmieröl (Harmonie und Tonlage), damit alle mit Freude und geringstmöglichen Konflikten im Einklang ihrer Arbeit produktiv nachgehen können. Sie halten durch Ihr Pflichtbewusstsein und ihre Haltung als Dienstleister für den Kunden, den „Laden" zusammen und bieten „Standhaftigkeit" als Grundsatz im Zusammenleben.

**Operative Mitarbeiter ...**
bearbeiten verlässlich und verarbeiten ergebnisorientiert den konkreten Geschäftsvorfall im Projektteam, in der Buchhaltung, in der Produktion, im Versand, in der Forschung, in der Entwicklung .... Sie wissen, was zu tun ist, sie sind diszipliniert und loyal. Beständig leben und arbeiten sie auf der Basis der Zugehörigkeit innerhalb eine Gruppe sowie aus der natürlichen Selbsterkenntnis „so funktioniert es" – in der Sache und mit den Menschen. Sie arbeiten gewohnt und umsichtig mit bekannten Menschen zusammen, sie streben Genauigkeit – vielleicht auch Perfektion, in der Aufgabenerledigung an. Mit einem Satz: Sie beherrschenden mit Umsicht den Ablauf und die Normalität des Alltags.

**Verkäufer im Neukundengeschäft ...**
sind leistungsorientiert, ehrgeizig und in ständiger zielgerichteter Bewegung auf der Suche nach neuen Kunden für das Unternehmen. Erkennbarer Einsatz und situativer Erfolg dient ihrem Ansehen und Selbstanerkennung, dafür gehen sie bewusst individuelle Wagnisse für ihren „Sieg" ein – ein Scheitern erschüttert sie nicht. Sie sind voller Aktivität, Zielorientierung und Betriebsamkeit. Verkäufer im Neukundengeschäft wissen, dass es auf ihre Person und ihre Schnelligkeit im Werben um den Kunden ankommt. Sie sind der erste entscheidende Kontakt zwischen Unternehmen mit seinen Leistungen und dem Kunden. Verkäufer im Neukundengeschäft wirken durch ihre Persönlichkeit und Individualität, mit ihrer emotionalen Anmutung

und der „Verführung im einmaligen Moment". Sie verfügen über eine der Situation variable, verständliche Sprache im Kundenkontakt.

**Verkäufer im Bestandsgeschäft ...**
sind das wiederkehrende verbindliche, offene und emphatische Gesicht des Unternehmens. Sie kennen den Kunden, seine Welt, seine Veränderungen, seine Bedürfnisse und Bedarfe, die sie mit ihrer Flexibilität, abwechselnden Angeboten für ihren Kunden und erprobten Zielstrebigkeit ihrer Persönlichkeit für die kundenorientierte Lösung fest im Auge behalten. Ihre Lösungen für Kunden machen den Unterschied. Sie sind die mobilen Begleiter ihrer Kunden in allen Standorten. Sie wollen erfolgreich sein durch Einflussnahme und wollen gewinnen – aber dabei niemanden besiegen. Die Bestandsverkäufer achten zielstrebig auf die Langlebigkeit ihrer Kunden. Sie strengen sich an, um im Dialog den Kunden langfristig für ihr Unternehmen zu halten und „zu entwickeln".

**Berater ...**
beraten objektiv und systematisch aus der Analyse der Sachlage/Themenlage heraus. Der Kunde benötigt den nachhaltigen Rat zur eigenen Entscheidungsfindung in einer dynamisch sich verändernden Situation. Berater sind kundig in den Fakten und kreativ in den Bedeutungen/Auswirkungen beim Wissenstransfer in den Alltag. Sie sind gut ausgebildet, bilden sich ‚State-Of-The-Art' permanent weiter, können ihr zweckorientiertes Wissen selbständig, übersichtlich und gut kommunizieren und sind nicht „Allrounder" sondern dynamische Spezialisten im Thema – inhaltlich wie methodisch. Berater sind unabhängige und integre Geister mit Freiraum für ihre übersichtliche Unterstützung als Dienstleister. In einem Satz: Sie haben Wissen, suchen Wissen und können Wissen situativ erklären und lernbar für kommende Investitionen des Kunden machen. Sie übernehmen die fachliche Ergebnisverantwortung.

Absolut einseitige Ausprägungen dieser sieben Grundfunktionen in einer Position wird es nicht geben, wie es keinen Menschen gibt, der absolut einseitig eine dieser sieben Ausprägung als Fähigkeit besitzt

Je nach Intention, können Aufgabenstellungen im Unternehmen diese sieben charakteristischen Ausprägungen einer Position in unterschiedlicher

Intensität und Mischung erforderlich machen. Die Frage ist also immer, was oder worin liegt der Schwerpunkt der Aufgabenstellung? Eine der sieben Ausprägungen ist typisch für die Aufgabenbewältigung – aber andere Merkmale der verbliebenen sechs Ausprägungen sind auch immer angemessen beteiligt.

**Beispiele**

Der Stratege denkt nicht nur, er tut auch. Und der Operative handelt nicht nur, sondern denkt auch.

Der Bestandskundenverkäufer entwickelt auch ein Gespür für potenzielle Neukunden. Und der Neukundenverkäufer weiß, dass der gewonnene Kunde langfristig betreut werden muss.

Der Berater berät nicht nur aus der Distanz, sondern übernimmt auch – manchmal vorübergehend – eine operative oder strategische Aufgabenstellung.

Wenn eine Person feststellen will „wer er ist", dann gilt es für diesen Menschen herauszufinden, für welche Position er optimal geeignet ist (siehe: www.werte-karriere.de)

Vielleicht hat ein Mensch auch ein Wertepotenzial, mit dem er mehreren Anforderungen von unterschiedlichen Positionen entspricht – aber auch unterschiedlichen Anforderungen aus einer Position genügen kann.

Aus der nachfolgenden Grafik „Das MIWK-Modell" kann gut abgelesen werden, wie wichtig es ist, dass das emotionale Gefüge oder die emotionale Wirkungsstruktur der Person mit den emotionalen Anforderungen eines Kontext (Position) interagiert.

> Führungskompetenz entsteht im Sinne von Selbst-, Eigen- oder
> Fremdführung immer nur dann sinnvoll, wenn die eigenen
> Emotionen – gekoppelt mit Wissen – mit den angeforderten
> Emotionen und Wissensanforderungn der Position
> durch die handelnden Personen koordiniert sind.

# MIWK-Modell
**Motiv-Intelligenz-Wert-Kontext**

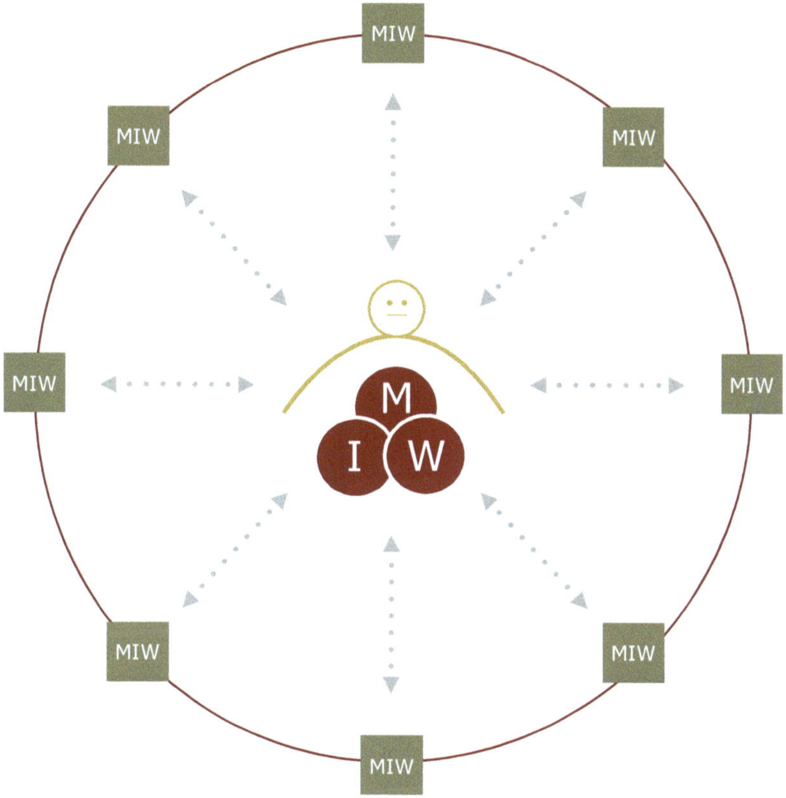

M Motiv

I Intelligenz

W Wert

MIW Kontextangebot durch Menschen oder „Themen"

◀▶ Wechselwirkung

## IV. Was steht im Mittelpunkt von Führung?

Im Mittelpunkt aller Führungsbemühungen steht der zufriedene Kunde. Vom zufriedenen und zahlenden Kunden – egal ob Einzelperson, Unternehmung oder von welcher Organisation auch immer – von diesem Kunden hängt das Überleben von Mitarbeitern und Führungskräften, Eigentümer, Aktionären des Unternehmens mit seinen vielschichtigen Verflechtungen ab.

Auf dem Weg zum zufriedenen Kunden, der bezahlt, wiederkommt, das Unternehmen und seine Leistungen weiterempfiehlt, gibt es einige strategisch wichtige Faktoren, die beachtet, entwickelt und finanziert werden wollen:

- Mitarbeiter und Führungskräfte,
- Produkte und Dienstleistungen,
- Strukturen und Prozesse.

Führung bezieht sich darauf, mittels dieser Key-Faktoren die entsprechende Wertschöpfung sicherzustellen. Dabei bedient sich Führung vielfältiger Unterstützung in der unterschiedlichsten Form und Inhalt.

Diese Key-Faktoren haben hohen strategischen Wert – sind aber in den konkreten Ausprägungen veränderbar und austauschbar. Führungskräfte müssen Elite in ihrer Kompetenz sein – damit ist aber nicht elitäres Bewusstsein und/oder Verhalten gemeint.

Die Führungselite muss gleichermaßen dem Anspruch an situativer wie zukunftsorientiert fachlicher und sozialer Kompetenz genügen – andererseits hätte sie keine oder ihre Daseinsberechtigung verloren.

### Das agile Mind-Set der Unternehmung

Das Mind-Set der Unternehmung bezieht sich auf ein oder das Grundverständnis von Unternehmen. Drei Blickrichtungen als Orientierung bieten sich an:

1. Die gesamte fachliche Struktur einer Unternehmung, wie sie jeder Studierende der BWL erlernen muss. Aber genauso alle kaufmännischen Berufsbilder, wie Bankkaufmann, Versicherungskaufmann, Industriekaufmann, Verlagskaufmann usw.
2. Marketing im Verständnis der Unternehmensführung vom Markt her.
3. Das St. Galler Managementmodell als Verständnis von den strategischen Elementen und ihren Dynamiken im Sinne einer ganzheitlichen Unternehmensführung

Jede einzelne Sichtweise – aber auch die Kombination oder Integration der Sichtweisen – kann als Grundlage für ein agiles Unternehmensverständnis dienen.

### Typische Merkmale einer Unternehmung aus Sicht der Betriebswirtschaftslehre

Studierende der Betriebswirtschaftslehre nutzen Bücher, die Grundlagen der BWL beschreiben. Ein Klassiker ist das Buch von WÖHE „Einführung in die Allgemeine Betriebswirtschaftslehre", 26. Ausgabe, 2016, Vahlen Verlag.

Ein Blick in das Inhaltsverzeichnis listet die Grundthemen auf, mit denen sich die BWL wissenschaftlich beschäftigt. Die Themen repräsentieren grundsätzlich auch alle die Themen, die in einer Unternehmung vorfindbar sind. Unbeschadet ihrer Intensität und Aktualität.

Erster Abschnitt:
*Standort und Geschichte der Betriebswirtschaftslehre*

1. Wissenschaftlicher Standort der Betriebswirtschaftslehre
2. Geschichtliche Entwicklung der Betriebswirtschaftslehre in Deutschland

## Marketing

Marketing ist die gezielte und zielgruppenorientierte Ausrichtung der Unternehmensaktivitäten an den Bedürfnissen des Marktes insbesondere das Anpreisen und Anbieten von Waren und Dienstleistungen.

Beim Marketing dreht es sich vereinfacht gesagt, alles um die Bedürfnisse von (potenziellen) Kunden. Ziel ist es, deren Wünsche und Erwartungen in alle Unternehmensentscheidungen miteinzubeziehen und so bestimmte Unternehmensziele zu erreichen. In erster Linie soll dadurch natürlich der Absatz gesteigert werden: also mehr von einem Produkt oder einer Dienstleistung verkauft werden. Dementsprechend ist Marketing in einem Unternehmen auch immer mit der Analyse, Planung, Umsetzung und Kontrolle von Unternehmensaktivitäten verbunden. Marketing ist also eine zentrale Funktion der Unternehmensführung und damit wichtiger Bestandteil der Betriebswirtschaft.

Marketing ist vor allem eins: vielfältig. Das gilt nicht nur für die zahlreichen Formen, in denen Marketing betrieben werden kann – auch auf die Frage „Was ist Marketing?" gibt es die unterschiedlichsten Antworten: Von der Aufzählung konkreter Maßnahmen bis hin zur wenig hilfreichen Erklärung, Marketing sei eine „allgemeine Denkhaltung".

### Die „4Ps"des Marketing

Damit die Unternehmensziele auch erreicht werden, entwickelt der Marketing Manager Strategien, die dann wiederum durch Marketinginstrumente operativ am Markt umgesetzt werden. Ein Modell für Marketinginstrumente sind die 4Ps:

Produktpolitik (**P**roduct)
Preispolitik (**P**rice)
Kommunikationspolitik (**P**romotion)
Distributionspolitik (**P**lace)

Diese werden vom Unternehmen in einem individuellen Marketing-Mix zusammengestellt. Die Produktpolitik kümmert sich um alle Entscheidungen, die das Produkt oder die Dienstleistungen betreffen, wie beispielsweise Qualität, Service oder Verpackung. Die Preispolitik findet heraus, welchen Preis die Kunden bereit sind für die Unternehmensleistungen zu bezahlen, um ein optimales Preis-Leistungs-Verhältnis zu erreichen. Die Kommunikationspolitik steuert sowohl die internen als auch externe Kommunikationsmaßnahmen und versucht den Kunden in seiner Kaufentscheidung positiv zu beeinflussen. Die Vertriebspolitik gestaltet die Absatzkanäle und optimiert Vertriebsprozesse.

## Die „3Ps" des Marketing

Die „4Ps" wurden im Laufe der Zeit durch die „3Ps" erweitert, die sich insbesondere auf Dienstleistungen beziehen. Dazu zählen folgende Politiken:

Personalpolitik (**P**ersonal)
Prozesspolitik (**P**rocess)
Ausstattungspolitik (**P**hysical Facilities)

Dabei beschäftigt sich die Personalpolitik mit den Personen, die die Leistung erbringen und die somit erheblichen Einfluss auf die Qualität des Produkts haben. Innerhalb der Prozesspolitik steht der gesamte Ablauf der Dienstleistungserbringung im Vordergrund.

## Integration der Marketingmaßnahmen

Wichtig für den Erfolg der ganzen Marketingaktivitäten eines Unternehmens ist das Zauberwort Integration: Integratives Vorgehen beim Umsetzen des Marketing-Mix heißt, dass alle internen und externen Maßnahmen aufeinander abgestimmt werden und so die entstehenden Synergieeffekte genutzt werden können, damit sich das Unternehmen optimal auf dem Markt platzieren kann und vom Kunden als glaubwürdig wahrgenommen wird.

**Das St. Galler Management-Modell beschreibt die interagierenden Merkmale des Kontextes „Unternehmung"**

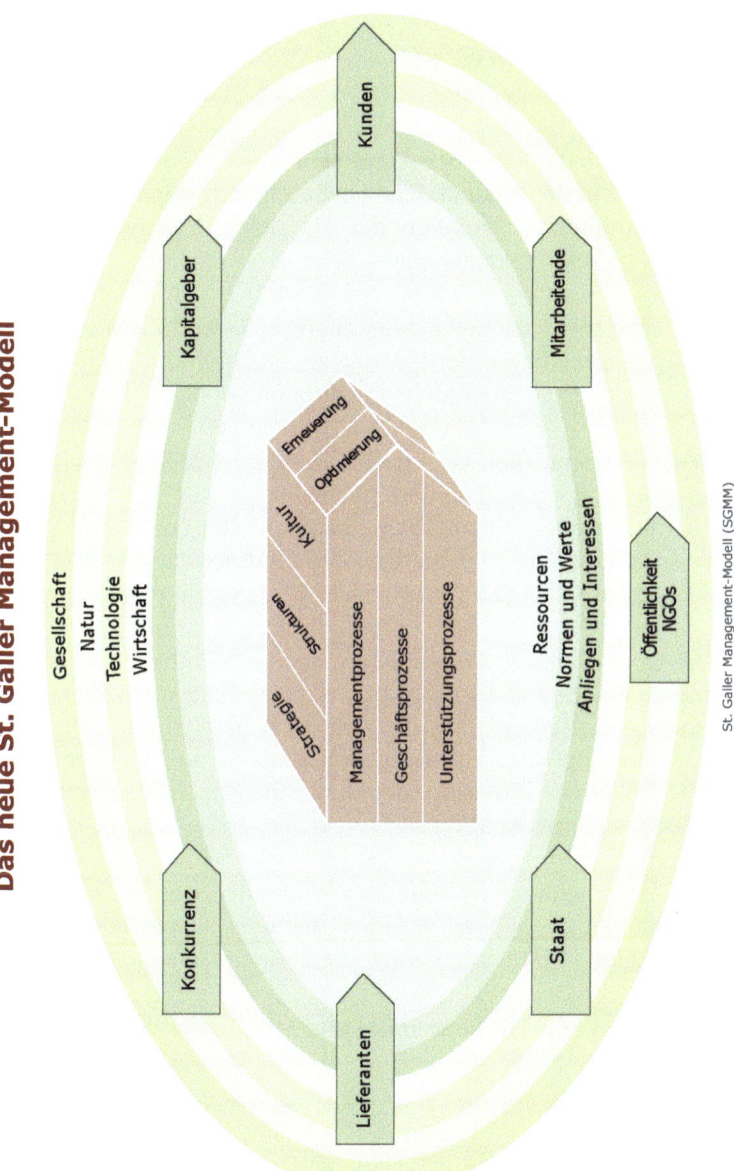

St. Galler Management-Modell (SGMM)

Das agile Unternehmen in seiner Gesamtheit zeichnet sich durch drei strategische Positionierungen aus:

## 1. Die Unternehmensvision

Eine Vision beschreibt in einem Satz die maximale Motiv- oder Bedürfnisbefriedigung der Unternehmung zu einem unbestimmten Zeitpunkt in der Zukunft. Eine Unternehmensvision bietet eine dauerhafte emotionale Intention des Handelns. Visionen unterscheiden sich von Zielen und Strategien.

Die Vision ist sozusagen „unendlich", während Ziele „endlich" sind, weil sie erreicht werden. Strategien sind grundsätzliche Vorgehensweisen um Ziele zu erreichen und damit auch „endlich".

Ziele und Strategien sind faktenorientiert, während Visionen emotionsorientiert sind. Ziele und Strategien kann es viele geben und sind quantitativ überprüfbar. Während die Vision emotional gefühlt wird und nur einmalig – dafür aber dauerhaft existiert. Die Vision ist sozusagen der dauerhafte emotionale USP des Unternehmens.

Die Emotion der Vision wird benötigt um Mitarbeitern und Führungskräften emotionale Identität als Untermehmensmitglied zu geben und emotionale Befriedigung für und im konkreten Handeln der Unternehmensmitglieder zu bieten. Für Kunden und Lieferanten wird in der Unternehmensvision deutlich, für was das Unternehmen im wahrsten Sinne des Wortes „brennt".

Eine Unternehmensvision muss veröffentlich werden. Mitarbeiter und Führungskräfte müssen befähigt werden, damit sie die Unternehmensvision in ihrem Arbeitsfeld emotional nachempfinden können.

## 2. Das Leitbild für Führungskräfte und Mitarbeiter des Unternehmens

Das Leitbild definiert in max. fünf handlungsorientierten Sätzen, wie sich Mitarbeiter und Führungskräfte im Arbeitsalltag im Sinne des Unternehmenskunden verhalten sollen. Jeder Satz repräsentiert einen zentralen Wert des Unternehmens, wie es am Markt durch den Kunden wahrgenommen werden soll. Da jeder Mitarbeiter und jede Führungskraft das Unternehmen repräsentiert, kann der Kunde die Unternehmswerte nur im Handeln dieser Beteiligten erkennen.

Das zentrale Leitbild für alle Mitarbeiter und Führungskräfte muss für einzelne Bereiche, Abteilungen und Teams konkretisiert werden.

## 3. Das Marketingverständnis

Das unternehmensspezifische Marketingverständnis sollte in den Positionsbeschreibungen von Mitarbeitern und Führungskräften auf der Grundlage des St. Galler Management Modells stehen.

Da Unternehmen im Wettbewerb stehen, kann nur das oder können nur die Unternehmen am Markt erfolgreich bestehen, die die Interessen des Kunden nutzen- und emotionsorientiert befriedigen.

Kunden geben ihr Geld für Produkte oder Dienstleistungen aus, wenn die Produkt- oder Dienstleistungsmerkmale interessant, der Produkt- oder Dienstleistungsnutzen gegeben und das Produkt oder die in Anspruch genommene Dienstleistung für den Kunden einen emotionalen Mehrwert hat.

Diese drei verhaltensorientierten Schlüsselkompetenzen (Vision, Leitbild, Marketing) bringen Mitarbeiter und Führungskräfte zum Kunden, zu den Kundenmärkten und in die innovative Zukunft. Das Unternehmen wird emotionalisiert und bekommt durch die Kombination der Elemente der drei Schlüsselanforderungen eine für alle gemeinsame Unternehmensidentität und für alle eine gemeinsame Unternehmenssprache.

Handeln und Kommunizieren „aus einem Guss" – nach Innen und Außen.

## Das Beste aus vier Welten

Jede Betrachtung im Zusammenhang mit dem Thema Agilität kann einseitig sein oder kann Einseitigkeit vorgeworfen werden.

- Die BWL fokussiert eher auf eine fachlich-sachliche Betrachtung und Interpretation der Unternehmung mit den traditionellen Schwerpunkten der Wirtschaftlichkeit, Produktivität und Liquidität.
- Das St. Galler Management-Verständnis ist eher eine ausgewogene Innen- und Außenbetrachtung von Abhängigkeiten und Interaktionen im Verständnis Unternehmen mit den Schwerpunkten Optimierung und Innovation.
- Marketing ist eher eine marktorientierte Handlungsstrategie mit dem Kunden als Mittelpunkt.
- Das Agile Manifest ist eher eine Betrachtung von Empowerment von Individuen und Teams.

Populär formuliert: Unternehmen/Organisationen benötigen ein „Agilitäts-Gen". Dieses „Gen" ermöglicht Wertschöpfung zum Bestehen im Wettbewerb. Die Merkmale eines „Agilitäts-Gen" sind:

Empowerment von Individuen/Teams und Strukturen, dann können menschliche und künstliche Intelligenz untereinander und miteinander kooperieren.

Die Beachtung von Produktivität, Wirtschaftlichkeit und Liquidität verhindern/minimieren den Werteverzehr.

Optimierung und Innovation fokussieren den Blick auf zukünftige Entwicklungen.

Aus diesen sechs Merkmalen von – aber auch Anforderungen an Agilität, können Unternehmen, Teams/Gruppen und einzelne Individuen ihre Agilitätsstrategieen entwickeln. Damit haben sie die Chance, nicht in vorgefertigte Methodenmuster von Agilität gepresst zu werden.

## Allgemeines Führungswissen

Vieles was über Führung geschrieben und berichtet wird, ist eher ungeeignet als Erkenntnis- oder Handlungsgegenstand. Nachdenken über Führung ist wünschenswert und erlaubt – aber bitte faktenorientiert und nicht romantisch-ideologisch.

### 1. Warum Führung – was will Führung bewirken?

Führung ist Einflussnahme auf das Denken, Fühlen, Entscheiden und Wollen. Führung will nicht manipulieren – obwohl sie das auch kann. Führung hat mit ihrer Einflussnahme immer Veränderung im Sinn, dazu zählt auch die Stabilisierung ins Wanken geratener Einsichten, Sichtweisen oder Kontextdeutungen.

Die Absicht einer Einflussnahme um seiner selbst willen ist nicht das Ziel von Führung. Führung führt also immer „etwas im Schilde". Führung will durch Beeinflussung beabsichtigte Folgen erreichen – zumindest aber anstreben. Führung bezieht sich nicht nur auf Einzelpersonen oder Personengruppen, aber auch Strukturen und Prozesse. Führung beeinflusst ebenso Tiere und Pflanzen genauso wie Landschaften oder Gedankengebäude.

### 2. Wie entsteht Führung?

Führung entsteht im Kopf und für den Kopf. Dies ist die Selbstführung. Führung entsteht im Kopf als Interessenvertretung eigener Gedanken, Tatabsichten oder Bedeutungen, um andere Umgebungspartner zu beeinflussen. Dies ist die Fremdführung. Führung entsteht in Gruppen, die über einen eigenständigen Analyse- und Diagnoseprozess ihrer Situation zu einer gemeinsamen Veränderungsentscheidung gelangen. Dies ist die Eigenführung.

Führung entsteht im Auftrag oder im Sinn eines Anderen (Delegation von Führung). Führung entsteht als Organisationsprinzip oder als „Selbstermächtigung".

Hierarchische Führung will prioritär Unternehmensinteressen durchsetzen (disziplinarischer Gedanke). Demokratische Führung will prioritär die Interessen der Geführten durchsetzen (Entwicklungsgedanke). Fachführung will prioritär die Interessen der fachlichen Thematik durchsetzen (Berateransatz). Führung in der Praxis beinhaltet alle drei Interessen von Führung in jeweils unterschiedlicher Intensität der Anteile.

Einen objektiven Maßstab für die richtige Intensität (Mischung) in der Führung gibt es nicht. Deshalb sind sich alle Auguren seit Jahrzehnten einig, dass es nur die „Situative Führung" gibt. Dies ist der Hauptgrund für Meinungsverschiedenheiten und Konflikte zwischen dem Führenden und Geführten, da die Beteiligten jeweils aus ihren Möglichkeiten (Konstruktivismus) Führungskompetenz und Führungsqualität bewerten.

### 3. Worauf zielt Führung?

Führung will mit ihrer Einflussnahme eine Veränderung zum Besseren – manchmal auch, um das Überleben zu sichern. Führung will nie eine Verschlechterung durch Einflussnahme. Führung will wirksame Ordnungen erhalten oder wirksame Ordnungen begründen und realisieren.

Führung im Kontext Business – welcher Art auch immer – bezieht sich mit ihrer Einflussnahme auf Personen, Strukturen, Fachthematiken in ihren jeweiligen Kontexten.

Führung ist deshalb immer die Frage nach den Interessen der Beteiligten und deren Interessenbefriedigung durch Führung (politisch denken – systemisch handeln). Die personelle Führung ist die schwerpunktmäßige Einflussnahme auf Personen.

Die strukturelle Führung ist schwerpunktmäßig die Einflussnahme auf Strukturen und Prozessen. Die Fachführung ist die schwerpunktmäßige Beeinflussung von und durch Fachnotwendigkeiten.

Führung beinhaltet immer diese drei Bestandteile – wenn sie situativ auch unterschiedlich intensiv erkennbar sind.

## 4. Aus was wird Führung gemacht?

Führung ist Einflussnahme. Führung will wirksam sein. Führung braucht Wirkfaktoren für unterschiedliche Situationen und deren beabsichtigten Veränderungen.

Führung wirkt durch die Art der Einflussnahme. Führung wirkt durch die Form der Einflussnahme. Führung wirkt durch den Inhalt der Einflussnahme. Art, Form und Inhalt bilden eine Trias der Führung.

Führungsarten der Beeinflussung sind z.B. Informieren, Entscheiden, Fördern, Entwickeln usw.

Führungsformen sind werteorientierte Haltungen der Beeinflussung wie z.B. Freundlichkeit, Über-den-Mund-fahren, Zuhören, Ignorieren usw.

Führung ohne einen fachlichen Inhalt ist weder denkbar noch möglich. Im Verkauf geht es schwerpunktmäßig um Verkaufsthemen, so wie es in der Forschung überwiegend um Forschungsfragen geht usw.

Führung in Kontexten ist nur möglich mit ihren fachlichen Themen und Gegebenheiten (Fakten des Kontextes). Verständigung in Kontexten ist gegenseitige Beeinflussung. Insofern führt jeder Jeden. Führungsrecht und Führungspflicht ist keine einseitige personalfunktionale Zuweisung.

## 5. Führung ist immer autoritär

Führung braucht Orientierung, weil Führung Orientierung geben soll.

Die Voraussetzung erlebbarer Führung ist eine Entscheidung. Jedes Verhalten in der spezifischen Situation ist Ausdruck einer Entscheidung – bewusst oder nicht.

Für die meisten Entscheidungen gibt es keinen überprüfbaren Maßstab im Sinne von richtig oder falsch. Eine Entscheidung ist das Ergebnis einer Abwägung von Alternativen. Logisches Vorgehen ist kein Entscheidungsverhalten. Logik ermöglicht sinnvolle Abfolgen. Bei „Logik" gibt es richtig oder falsch – bei „Entscheidung" aber nicht.

Der Maßstab für die meisten Entscheidungen über richtig oder falsch liegt in der Person, die die Entscheidung trifft und in der Person, die von der Entscheidung betroffen ist. Sender und Empfänger einer Entscheidung bewerten aus ihrem Potenzial diese Entscheidung und mit ihrem Potenzial Entscheidungen zu begreifen und deren Folgen zu erkennen. Es ist ein subjektiver (konstruktivistischer) Vorgang.

Autoritär stammt aus dem Französischen und bedeutet: Aus eigener Vollmacht.

Autoritäres Verhalten ist nicht schlechtes Verhalten oder schlechtes Benehmen. Leider wird dies oft verwechselt.

## 6. Situative Führung ist aus Grundsätzen abgeleitet

Führung ist nicht teilbar, weil Führung immer einer Person oder Personengruppe übertragen worden ist. Das Führungsverständnis ist nicht teilbar, weil es kein spezifisches Führungsverständnis für Gruppenleiter oder CEOs gibt. Führung ist immer Führung. Es ist der Grundsatz von Führung der für alle am Führungsprozess Beteiligten eine Orientierung gibt.

Der CEO wie der Gruppenleiter verstehen Führung als Beeinflussung von Personen und/oder Prozessen und bedienen sich der gleichen Führungsarten, Führungsformen und den jeweiligen Führungsthemen. Die Differenzierung ergibt sich aus Anforderungen und Intentionen der Wirkungsabsicht.

Erst die Kenntnis des Grundsatzes ermöglicht das Führen in der Situation. Ohne das Grundsatzverständnis von Führung ist Führung unberechenbar durch den Führenden als auch für den Geführten.

## 7. Ist Führung lernbar?

Führung ist erlernbar, weil Führungswissen entschlüsselt ist und damit situative Führungskompetenz möglich ist.

Führung als Beeinflussung mittels face-to-face, virtueller oder schriftlicher Kontexte – unterliegt dem selben Verständnis von Führung. Führung ohne angemessene Zeiten im face-to-face-Kontext verliert den Geführten. Führung braucht erlebbare Nähe mittels der fünf Sinne.

Der Grundsatz der strategischen Führung beschreibt acht Grundeinsichten der Führung. Der Grundsatz der Operativen Führung beschreibt 14 Führungsarten. Die acht Grundeinsichten und die 14 Führungsarten bedürfen der situativen Führungsform und der situativen Führungsfachthemen.

Führung als Fremdführung will im Geführten durch seine veranlasste Selbstführung Wirksamkeit auslösen. Die Folge von Führungswirksamkeit zielt auf den Kunden nicht auf den Geführten. Führung ist lernbar, benötigt aber Begabung und Wollen für Führung in der jeweiligen Person. Mindestens die Hälfte des Erfolges der Führung basiert auf respekt- und wertschätzend-orientiertem Verhalten: Die berühmte „Gute Kinderstube".

## 8. Gibt es eine Führungsbegabung?

Sicherlich gibt es immer wieder „Naturtalente der Führung". Sie sind aber nicht die Regel.

> Das Ausmaß und die Wirkung von grundsätzlicher und situativer Führungskompetenz in einer Person ist abhängig von ihrem Wollen (Motive), von ihrem Können (faktisch richtiges Wissen) von ihrer kognitiven Intelligenz (quantitativ messbar), von Ihren Talenten (erkennbare Begabung in einem Fachgebiet), von ihrer Bedeutsamkeitsorientierung (Werte als Orientierung für erfolgreiches Verhalten) und ihrer reflektierten Berufserfahrung.

Naturtalente agieren im besten Sinne des Wortes „aus ihrer Unbekümmertheit heraus". Oft können sie ihr Führungsverhalten nicht begründen, legitimieren und sinnvoll den sich wandelnden Kontextanforderungen ändern oder anpassen (Pionierunternehmer).

In der Führungskräfteausbildung gilt es, die in allen Menschen angelegten individuellen Führungsbegabungen zu erkennen und persönlichkeitsabhängig zu einer Fähigkeit der Selbstorganisation der Führungskompetenz in unterschiedlichen Kontextanforderungen zu entwickeln. Die Entwicklung der individuellen Führungskompetenz liegt im Potenzial des einzelnen Menschen. Insofern kann nicht aus jedem Menschen eine ideale Führungskraft werden.

## 9. Emotion als Überbau der Führung

Führung ohne Emotionen ist blutleer. Die rein mechanische Anwendung von Führungsarten, Führungsformen und fachlichen Führungsthemen ist roboterhaft – ohne eine menschliche Dimension.

Emotionen sind das Salz in der Führungsgruppe. Emotionen bringen Geschmack in das Führungsgeschehen. Emotionen sind das Schmiermittel für Akzeptanz und Ablehnung – für Lernen und Vergessen – für Identität und Hoffnungslosigkeit.

Führung braucht Vision (Vision ist die maximale emotionale Befriedigung der eigenen Motive und Bedürfnisse in einem unbestimmten Zeitpunkt in der Zukunft). Vision ist das emotionale Bild einer dauerhaft anzustrebenden Zukunft.

Führung ohne Ethik ist Führung ohne Beachtung von Gesetzen, Normen, Sitten, Gebräuchen. Führung ohne Ethik ist Anarchie. Führung mit ethischen Grundsätzen bietet den Beteiligten ein Leitbild zur Orientierung für soziales Verhalten im Kontext.

## 10. Führen Frauen besser als Männer?

Die Frage kann konkret nur beantwortet werden, würde man eine Frau und einen Mann mit derselben Führungsaufgabe betrauen.

Führung im operativen Bereich verlangt eine koordinierende und harmonisierende Führung. Operative Führung verlangt nach Ausgleich, Verständnis und das Mitnehmen aller Geführten. Frauen können dies möglicherweise besonders gut, weil sie biologisch aber auch zivilisatorisch bestimmt als Mutter hegen und pflegen sollen und müssen. Den Nachwuchs (Mitarbeiter) nähren und gedeihen lassen, können sie offensichtlich besser als Männer, die biologisch und auch zivilisatorisch weit in unsere Zeit hinein für körperliche und kämpferische herausfordernde Tätigkeiten bevorzugt werden.

Die Frage ist also nicht, ob Frauen oder Männer besser führen können. Die Frage ist jedesmal nur individuell zu beantworten: Wer kann mit seinen Talenten, Werten, Motiven und dem darin befindlichen Energiepotenzial (generell Antrieb, Ausdauer und „Lebenslust" sowie dominante und aggressive Verhaltensweisen) den Anforderungen einer spezifischen Führungsanforderung eher entsprechen.

Die Anforderung an eine Führungskraft, die Mitarbeiter in einem bestehenden Geschäftsprozess führen soll, ist eine andere, als an eine Führungskraft, die Mitarbeiter in einem neu zu erobernden Kundenmarkt führt.

**Fazit: Wer sollte nicht Führungskraft werden?**

Der „Wert" eines Menschen bestand bis zur Jahrtausendwende eher noch in der Tatsache, dass der Mensch Karriere macht oder gemacht hat. Wobei Karriere in der Regel verbunden war mit dem hierarchischem Aufstieg. Aufstieg und Führungsposition wurden als Synonym gesehen.

Der sich nun abzeichnende Paradigmenwechsel besteht in der Hinwendung „zum sinnenhaften und persönlich befriedigendem Tun". In diesem Paradigmenwechsel liegt eine große Chance der Ehrlichkeit zu sich, zum Anspruch von Führung und dem Anspruch der Geführten an Führung.

Die in den Menschen unterschiedlichen angelegten Begabungen, Motive, Werte und kognitiven Intelligenzen prädestinieren nicht automatisch für und zur Führung. Die Auswahlverfahren von Menschen für Führung sollte konsequent an den Aufgaben und den damit einhergehenden Anforderungen einer Aufgabenstellung mit den vorhandenen Fähigkeiten einer Person koordiniert werden.

Kognitive Intelligenz ist selbst durch stetige Lernprogramme nicht signifikant positiv manipulierbar – ebenso wenig wie stabil gelernte Werte, an-

geborene Motive und den lustvoll erlebten Begabungen in fachlichen Be-
schäftigungskontexten. Es gilt herauszufinden, ob dem jeweiligen Menschen Führung „Freude und Lust" bereitet oder doch eher „Anstrengung
und Frust".

Unternehmen sind juristische und fachliche Konstrukte.
Diese Konstrukte sind aus sich heraus nicht lebens- und
entwicklungsfähig. Sie bedürfen des/der Menschen, die durch
ihre Potenziale das Unternehmen erlebbar machen.

## Die acht Grundeinsichten der Führung

1. Wie vieler Personen bedarf es, damit Sie von Führung reden?

2. Führung als Überlaufsystem

3. Führung und Zeit

4. Führung und Situation

5. Führung und Zusammenhalt

6. Führung und Betriebswirtschaft

7. Denk- und Handlungsstrategien der Führungskraft

8. Politisch denken – systemisch handeln

Die acht Grundeinsichten der Führung bieten Ihnen sozusagen die Möglichkeit, aus der Adlersicht auf ein oder Ihr Unternehmen zu schauen. Die acht Grundeinsichten sollen Ihnen helfen, zu verstehen, was aus Sicht der Führung in einem/Ihrem Unternehmen passiert. Hier ist Führung gemeint im Sinne von personaler Führung und struktureller Führung einer Organisation.

Die acht Grundeinsichten sind auf hohem abstraktem Niveau beschrieben, weil sie das Grundsätzliche einer Organisation und ihr Dasein als das Miteinander von Menschen offenlegen. Sie erhalten damit einen themenstrukturellen Blick und Erkenntniszugang für das Ganze.

Die acht Grundeinsichten bieten aber auch die Möglichkeit, durch eine Gesamtbetrachtung der einzelnen Situation, in die Sie als Führungskraft gestellt sind, nicht in die „Reaktionsfalle" zu geraten. Wenn Sie als Führungskraft auf jede angebotene Situation reagieren, verlieren Sie die für eine Führungskraft notwendige Fähigkeit des Agierens. Sie laufen Gefahr, Spielball der Interessen anderer zu werden.

Die acht Grundeinsichten der Führung sind aus sehr unterschiedlichen Quellen und Einsichten entstanden:

- aus allgemein akzeptierten und überdauernden Erfahrungen aus der Unternehmensführung;
- aus unternehmensnahen Wisssenschaftsgebieten, wie Recht, Betriebswirtschaft und Psychologie;
- aus reflektierten konkreten Erfahrungen von „Führung im Alltag";
- aus der Reflexion von konkreten Entwicklungen der Handlungskompetenz von Führungskräften.

Führung ist Praxis – grundsätzlich und immer überraschend im Einzelfall.

*Reflexionsaufgabe*
Was erkennen Sie in Bezug auf personale und strukturelle Führung durch das Betrachten Ihres Unternehmensorganigramms?

## 1. Wie vieler Personen bedarf es, damit wir von Führung reden?

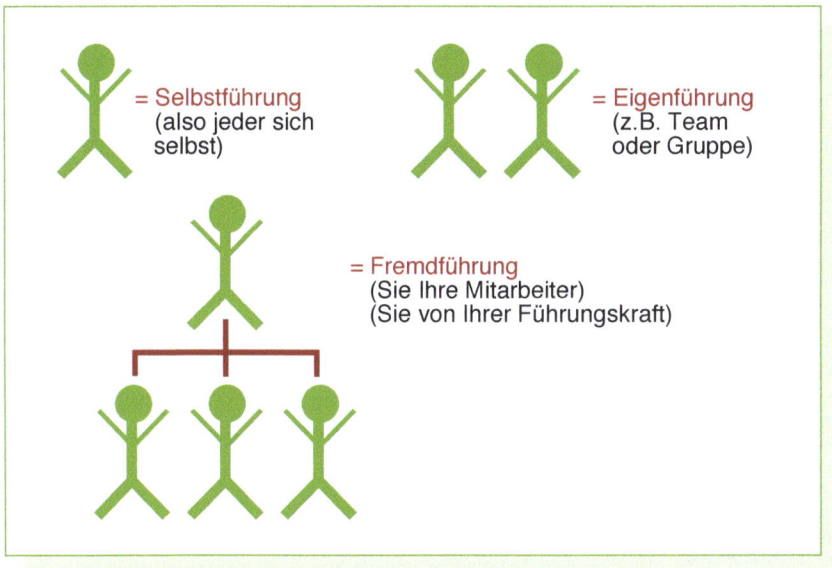

Das traditionelle Verständnis von Führung ist: Führungskraft führt Mitarbeiter. Es ist nicht nur das traditionelle, sondern auch das vorherrschende Verständnis von Führung in der Praxis: die Fremdführung. Daneben, als weiteres gleichberechtigtes Verständnis von Führung, wird von Selbstführung im Sinne der Führung der eigenen Person gesprochen.

Eigenführung als weiteres gleichberechtigtes Verständnis von Führung liegt dann vor, wenn eine Gruppe oder ein Team zu bestimmten übertragenen Aufgaben als Gruppe oder Team Entscheidungen vornehmen kann. Zu regeln ist dann nur noch, nach welchem Mehrheitsprinzip Entscheidungen entstehen und für alle gelten.

Diese drei Verständnisse sind Ausdruck, aber auch Möglichkeit des Zusammenspiels von ...
- Wer macht was?     Die Aufgabenzuweisung und ihre Struktur.
- Wer entscheidet was?     Die Machtzuweisung und ihre Struktur.
- Wer informiert wen?     Informationspflichten und ihre Ströme.

Im Arbeitsalltag kommen zumindest und manchmal ungewollt Eigenführung und Selbstführung neben der Fremdführung vor. Veränderungen in unserem organisierten Arbeitsverständnis haben neben der funktionalen Linienhierarchie im Wesentlichen die Prozessorganisation und die Projektorganisation entstehen lassen.

War in der Linienhierarchie die Fremdführung selbstverständlich, kann eine Prozessorganisation ohne Selbstführung der ausführenden Mitarbeiter nicht funktionieren. Projektorganisationen basieren auf Gruppen und Teams, die eigenverantwortlich gemeinsam Aufgaben bearbeiten und erledigen sollen.

Die Führungsidee des Vorgesetzten, des Chefs usw. geht auf die Gruppe oder das Team über. Die Gruppe oder das Team ist ihr/sein eigener Chef – ihre/seine eigene Führungskraft. Bei der Selbstführung gibt es sinnvollerweise die bekannte Formulierung: Ich bin mein eigener Chef.

Aus Sicht der strukturellen Führung ist festzulegen, mit welcher Führungsausprägung Effektivität und Effizienz bei der Bewältigung von Arbeitsinhalten, die bestmögliche Wertschöpfung erreicht wird: Personale Führung, nicht nur verstanden als Fremdführung, sondern gleichberechtigt auch verstanden und praktiziert als Selbstführung und Eigenführung.

> Insofern können Sie auch den Zusammenhang zwischen der strukturellen Führung eines Unternehmens und deren Wirksamkeit für Agilität durch personale Führungsstrukturen erkennen.

*Reflexionsaufgabe*
Welche Aufgaben erledigen/bearbeiten Ihre Mitarbeiter in Eigenführung, Selbstführung und Fremdführung?

## 2. Führung als Überlaufsystem

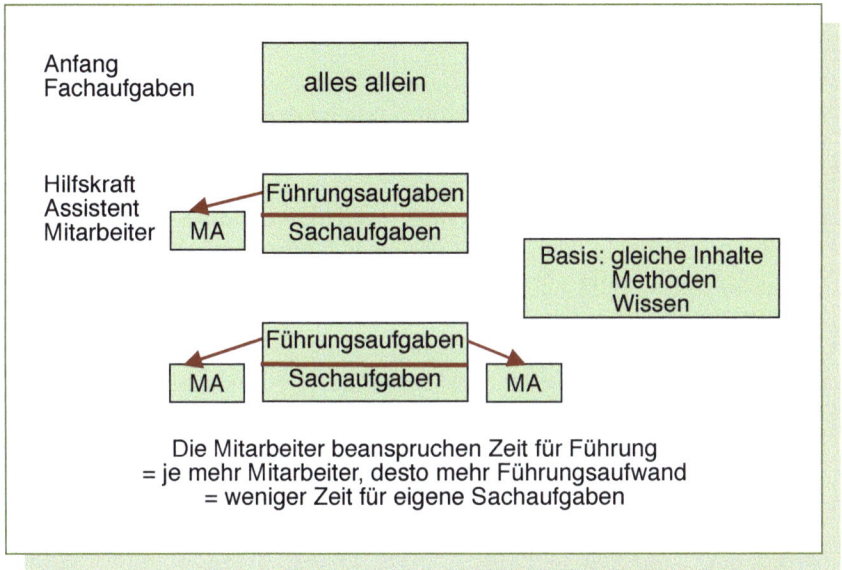

Jedes Unternehmen, jede Organisation oder jede Gemeinschaft kann sich auf die Initiative und/oder Gründung durch eine Person zurückführen.

Bei einer Unternehmensgründung – egal in welcher Rechtsform und mit welchen thematischen Inhalten – fängt jeder, wie Sie wissen, „klein" an. Klein heißt hier mit der Person des Gründers. Alle Arbeiten werden von einer Person erledigt. Alle Erfolge und alle Misserfolge fallen auf diese eine Person zurück. Sie ist Sachbearbeiter und (Selbst-)Führungskraft in einer Person. Wenn ihr Geschäft, ihr junges, kleines Unternehmen erfolgreich ist, werden die Kundenaufträge oder Kundenwünsche mehr und vielfältiger sein, als es ihre Zeit zur Realisierung erlaubt. Jetzt fällt die Entscheidung, ob der Gründer Sachbearbeiter bleibt oder zur Führungskraft mutiert.

Wenn der Gründer Gehilfen, Unterstützer, Mitarbeiter zur Arbeitsbewältigung einstellt, wird er zur Führungskraft.

Ein gewisser Prozentsatz seiner Arbeitszeit muss er seinen Gehilfen, Unterstützern und Mitarbeitern widmen: Einstellen, Einarbeiten, Ausbilden, informieren – siehe 14 Führungsaufgaben.

Die Führungsarbeit besteht also in der Frage: „Wie muss ich meinen Mitarbeiter durch Hilfen und Korrekturen unterstützen, damit er mit den ihm übertragenen Aufgaben zurecht kommt und erfolgreich ist."

Führung entsteht als Überlaufsystem, weil der Gründer nicht mehr alle Aufgaben selbst erledigen kann. Die Aufgaben sollen aber erledigt werden – Aufgaben ganz allgemein beschrieben als Denk- und Handlungsaufgaben.

Der Mitarbeiter soll anstelle des Gründers, Geschäftsinhabers handeln. Der Mitarbeiter erhält den Anteil von Aufgaben, die der Gründer nicht mehr bewältigen kann.

Je mehr ein Unternehmen wächst, desto mehr Mitarbeiter werden zur Aufgabenbewältigung benötigt. Mit der Größe, den thematischen Inhalten und der Rechtsform wachsen aber die Anforderungen an Fähigkeiten und Fertigkeiten, die in der Unternehmung benötigt werden.

Konnte ein Bäckermeister am Beginn seines Unternehmertums noch alle Fragen von Qualität, Einkauf, Verkauf, Investitionen, Produktentwicklung Mitarbeiterführung, Bankgeschäften, Einkommensteuererklärungen usw. selbst erledigen, wird es dem Bäckermeister mit 100 Filialen nicht mehr gelingen. Spezialisierung der Wissensbereiche und Organisationsstrukturen, die das Unternehmen zusammen und am Leben halten, werden benötigt.

Alle betrieblichen Funktionen sind aus den Grundaufgaben des Gründers entstanden und ableitbar. Insofern ist jede Führungskraft mit ihrem thematischen Führungsbereich und den ihr zugeordneten Mitarbeitern Stellvertreter des Gründers. Jede Position ist „unternehmerisch" angelegt und muss „unternehmerisch" interpretiert werden.

Der vielzitierte Pförtner oder die vielzitierte Reinigungskraft erledigen Arbeiten, die der Gründer oder Vorstand oder Geschäftsführer eines Unternehmens aus Zeitgründen nicht machen kann. Auch diese Positionen stammen aus „den Genen" des Gründers, Eigentümers.

Je mehr Mitarbeiter der Führungskraft direkt zugeordnet sind, desto größer der Zeitaufwand für Führung. Führungskräfte, die „keine Zeit" für Führung haben, sind keine Führungskräfte, sondern Obersachbearbeiter.

Wer unternehmerisch denkt und handelt, ist agil. Insofern besteht für jeden Mitarbeiter der Anspruch „agil zu sein".

*Reflexionsaufgaben*
1. Welche Aufgaben müssen ausschließlich Sie bearbeiten, weiterentwickeln und persönlich-konkret erledigen?
2. Wieso müssen Sie bestimmte Aufgaben selbst wahrnehmen und dürfen diese nicht delegieren?
3. Was ist der Grund, dass nur Sie diese Aufgaben wahrnehmen sollen und keine andere Person?
4. Nach welchen Kriterien werden bei Ihnen Aufgaben abgegrenzt?

## 3. Führung und Zeit

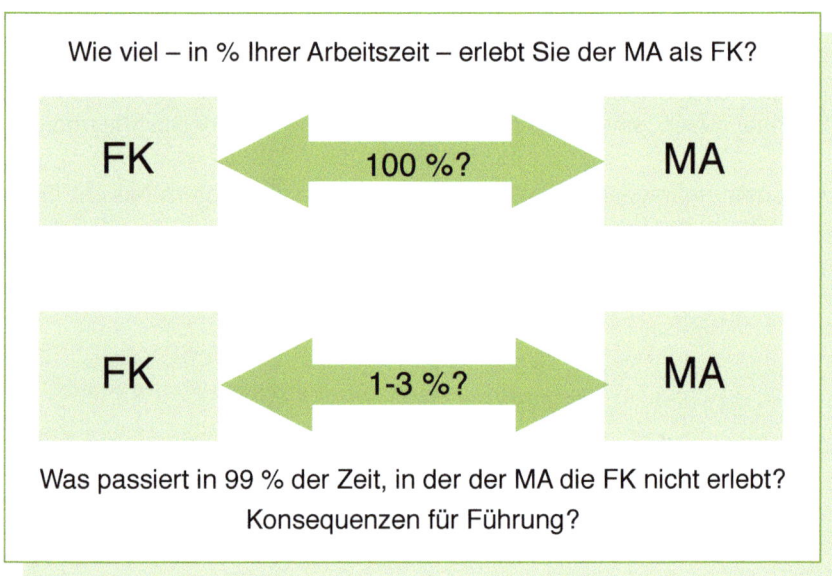

Viele Führungskräfte behaupten, dass ihre Mitarbeiter jeder Zeit zu ihnen kommen könnten: „Die Tür steht immer auf, ich bin auch am Wochenende per Handy erreichbar usw". Das klingt nach: Alles ist möglich. Dies ist aber schlicht und einfach Einbildung oder die Verkennung der Wirklichkeit.

Wenn Sie als Führungskraft in einer Besprechung mit Kollegen oder Ihrem Chef oder mit wichtigen Kunden sind, dann kann kein Mitarbeiter zu Ihnen kommen und Ihre ungeteilte Aufmerksamkeit für sich haben.

Haben Sie eine Besprechung mit allen oder einem Teil Ihrer Mitarbeiter, erhält der Einzelne auch keine ungeteilte Aufmerksamkeit von Ihnen.

Und darum geht es bei der Führung. Wie viel Zeit erhält ein einzelner Mitarbeiter ausschließlich für sich – bei und von Ihnen? Alleinige ungeteilte Aufmerksamkeit – also ohne Störungen durch Telefonate oder eingehende Emails und und und.

Wenn Sie Ihre durchschnittliche Wochenarbeitszeit nehmen und Ihnen z.B. fünf Mitarbeiter zugeordnet sind, wie viel Zeit erhält der einzelne Mitarbeiter im Durchschnitt von Ihnen? Sie werden erstaunt sein. Bei ehrlicher Rechnung widmen Sie 1-3 % Ihrer Arbeitszeit dem einzelnen Mitarbeiter.

Führung soll Einfluss nehmen auf die Wertschöpfungsfähigkeit des Mitarbeiters – in 1-3 % Ihrer Arbeitszeit. Dies bedeutet, dass Ihr Mitarbeiter 97-99 % seiner Arbeitszeit durch Sie nicht geführt wird.

Führung und Zeit ist eine der elementarsten Grundeinsichten über Führungswirklichkeit.

Dieses Phänomen „keine Zeit haben" betrifft alle unsere privaten und beruflichen sozialen Kontakte, ob Ehe, Kindererziehung, Sie als Kind zu Ihrer Mutter und Vater – einzeln und als Eltern – Freundschaften, Freizeitkollegen ...

Wenn Führungskräfte keine angemessene Zeit für den einzelnen Mitarbeiter zur Verfügung stellen können, gilt der strategische Führungsansatz: Mitarbeiter müssen sich selbst führen können.

Die Selbstführung des Mitarbeiters gilt als Garant für die Weiterentwicklung des Unternehmens.
Das gilt auch für Gruppen und Teams.

*Reflexionsaufgaben*
1. Wenn Sie Ihre durchschnittliche Wochenarbeitszeit nehmen, wie viel Zeit erhält von Ihnen ausschließlich und allein ...
   1.1 Ihre für Sie zuständige Führungskraft,
   1.2 jeder einzelne der Ihnen zugeordneten Kollegen,
   1.3 (wichtige) Kunden,
   1.4 jeder einzelne Ihrer Mitarbeiter,
   1.5 Mitarbeitergruppen oder Teams?
2. Um die knappe Zeit mit jedem Einzelnen in Sinne seiner Wertschöpfung zu ermöglichen – was tun Sie dafür ...
   2.1 in der Vorbereitung des Kontaktes,
   2.2 bei der Durchführung des Kontaktes,
   2.3 bei der Nachbereitung des Kontaktes?

## 4. Führung und Situation

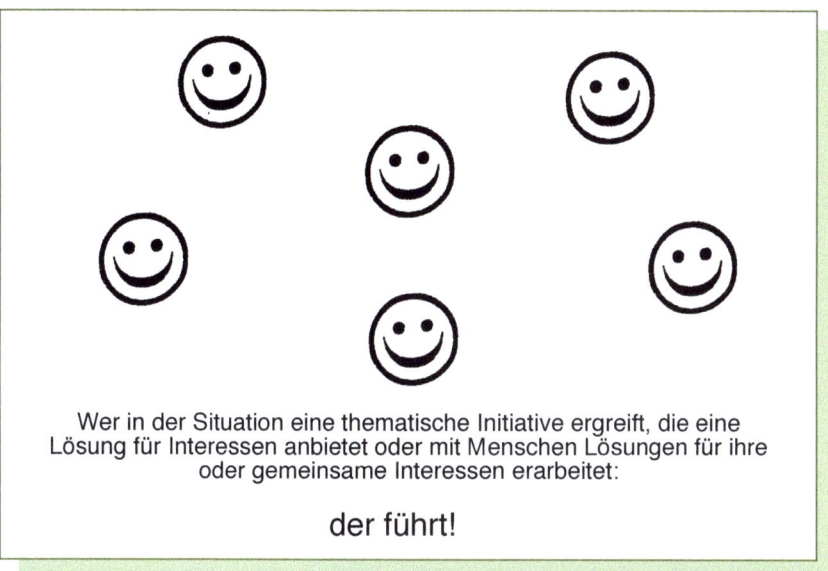

Wer in der Situation eine thematische Initiative ergreift, die eine Lösung für Interessen anbietet oder mit Menschen Lösungen für ihre oder gemeinsame Interessen erarbeitet:

**der führt!**

Wenn Sie traditionell an Führung denken, werden Sie wahrscheinlich an Führungskräfte denken, denen es (allein) erlaubt ist zu führen – oder Sie verbinden Führung nur mit der Person Führungskraft.

Dieses Denken ist einseitig und hat den Charakter eines Glaubenssatzes.

*Ein Beispiel*
> Es gibt in der Straße, in der Sie gerade auf dem Bürgersteig gehen, bedauerlicherweise einen Autounfall. Es hat gequietscht, es hat gekracht, Geräusche von zersplitterndem Glas und das laute Winseln eines Hundes sind zu hören.
> Geistesgegenwärtig erfassen sie die Situation: Ihnen ist bewusst, dass die Verunfallten Hilfe benötigen. Sie ergreifen die Initiative und bitten den nächststehenden Passanten, Feuerwehr, Unfallwagen und Polizei zu rufen. Er tut es. Den nächstbesten Passanten bitten Sie, die Unfallstelle von Neugierigen abzuschirmen und sagen kurz, wie Sie es meinen. Er tut es.

Den nächsten Passanten bitten Sie, zusammen mit Ihnen zur Unfall-stelle zu gehen, um möglichen Verletzten angemessen zu helfen. Der begehrt ob Ihrer Bitte auf, mit fast schriller Stimme, dass er kein Blut sehen könnte und vielleicht Sterbende sowieso nicht. Inzwischen ha-ben sich ein paar Passanten um Sie geschart, weil sie erkannt haben, dass Sie in der Situation für alle Beteiligten eine Lösung anstreben. Deshalb meldet sich eine Passantin mit ihrem Hilfsangebot, nach dem verletzten Tier zu sehen. Einen anderen Passanten können Sie erfolgreich bitten, mit Ihnen gemeinsam zur Unfallstelle zu gehen.

Die Feuerwehr und Abschleppwagen waren da und haben alles auf-geräumt. Die verletzten Personen und der Hund sind versorgt und die Polizei hat alles ordnungsgemäß erfasst. Nach einiger Zeit ist der Straßenverkehr normal, nichts erinnert an den Unfall, alle gehen wie-der ihres Weges.

Wenn Sie sich verhalten, wie im Beispiel beschrieben, haben Sie geführt und mit Ihrer thematischen Initiative (dem Unfallopfer zu helfen) freiwilli-ge Folgschaft ausgelöst. Nicht bei allen – aber bei der überwiegenden Mehrzahl. Führung ist immer ein Mehrheitsbeschaffungsprogramm. In der Situation gibt es immer Menschen, die eigene Initiativen entwickeln, die einen Beitrag zur Lösung der Gesamtthematik beisteuern.

Führung entsteht nicht nur per Vertrag und ist einseitig bestimmten Perso-nen überlassen. Führen kann jeder, wenn er will. Sie erkennen an dem Beispiel, dass Führung Interessen berücksichtigen muss, soll Folgschaft entstehen. Führung ist nicht nur eine Initiative der Führungskraft mit ihren „einseitigen" Ideen. Wenn Führungskräfte die Gesamtsituation schildern und für eine Gesamtlösung alle Beteiligten mit einbeziehen, entsteht Folgschaft nicht durch Direktansprache, sondern durch verantwortungs-bewusste und leistungsbereite Menschen. Die Kultur Ihrer Führungskom-munikation lassen andere Menschen die Optionen, eigene kreative Bei-träge zu leisten.

Viele Unternehmen existieren u.a. auch dadurch, dass Führungskräfte ihr angebliches Führungsmonopol für Initiativen ihrer Mitarbeiter öffnen.

Manche Führungskraft bejammert ihr Führungsschicksal, weil sie kein Disziplinarvorgesetzter ist – also kein Recht im Sinne des Vertrags- und

Arbeitsrechts hat, Mitarbeiter zur Durchsetzung eigener Interessen zu disziplinieren. Gruppenleiter, Projekt- und Teamleiter aber auch mancher Abteilungsleiter reiht sich in diese Schar der Jammernden ein.

Schon vor Jahrzehnten wurde bei Führungskräften unterschieden zwischen Fachautoritäten, persönlichen Autoritäten und Amtsautoritäten. Führung aus der Amtsautorität, also formale Disziplinargewalt, war nie der entscheidende Hebel für Motivation und Folgschaft. Führungskräfte ohne Disziplinarrecht sollen gerade und bewusst  aus der Fachautorität (thematische Legitimation) und der persönlichen Autorität (Überzeugung, Respekt und Wertschätzung) Folgschaft auslösen.

*Reflexionsaufgabe*
   Aus welchem Autoritätsverständnis führen Sie Ihre Mitarbeiter, Gruppen und Teams?

## 5. Führung und Zusammenhalt

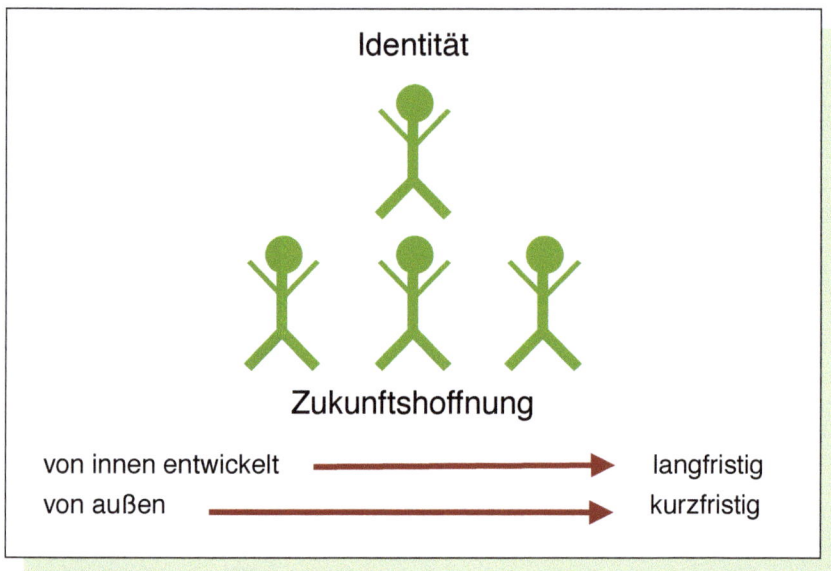

Sie kennen es aus eigener Erfahrung: Manche Verbindungen sind langjährig und machmal so lustvoll und befriedigend, dass Sie von Bekanntschaften oder gar von Freundschaften sprechen. Manche Bekannte werden keine Freunde, weil die Intensität des erlebten „Wir-Gefühls" sich nicht einstellt. Manche Bekannte werden zu flüchtigen Bekannten oder auch zu „die kenne ich auch" bis zu „lass mich in Ruhe mit denen".

Was ist es also, was uns einander festhalten lässt? Was ist es, was uns die Nähe zueinander suchen lässt? Warum wollen wir etwas voneinander, was andere nicht von uns wollen? Was ist das „Wir-Gefühl"? Wie entsteht es und wozu brauchen wir es?

Eine Gruppe, eine Abteilung, ein Unternehmen hält zusammen, wenn die Beteiligten Identifikation und Zukunftshoffnung haben. Identifikation bezieht sich auf Arbeitsinhalte, Arbeitsbedingungen und Werte, die Personen leben, aber auch vorleben.

Zukunftshoffnung entsteht, wenn jeder in so einer Gruppe der festen Überzeugung ist, dass der nächste Tag, die nächste Woche, der nächste Monat, das nächste Jahr die eigene Interessen durch und in der Gruppe angemessen und besser befriedigt werden.

Führungskräfte sind Identitätsstifter, weil sie Arbeitsinhalte und Arbeitsbedingungen schaffen und garantieren, in denen sich Menschen psychobiologisch wohlfühlen.

Langfristig stabil sind Identität und Zukunftshoffnung in einer Gruppe, wenn die Mitarbeiter der Gruppe an der Entwicklung, Gestaltung, Interpretation, Anpassung und Umsetzung beteiligt sind. Die Mitglieder der Gruppe erleben dann eine Gestaltungsfähigkeit zur Durchsetzung eigener Interessen.

Kurzfristig entwickelt eine Gruppe Identifikation und Zukunftshoffnung, wenn Sie sich gegen einen äußeren Gegner oder Feind behaupten will oder muss. Oft repräsentiert der äußere Gegner nur ein Thema, das in der Regel kurzfristig gelöst ist wie Gewinn der Fußballweltmeisterschaft oder Vermeidung der eigenen Entlassung durch Sanierung oder Verkauf des Unternehmens.

So wie der Einzelne Ressourcen benötigt, auf die er vertraut, um seine Interessen zu realisieren, so benötigt dies eine Gruppe oder ein Team auch.

Diese Selbstwirksamkeitsüberzeugung, dieses Selbstvertrauen in sich und in die anderen Gleichgesinnten der Gruppe sind Teil der notwendigen Stabilität und Widerstandskraft, um motiviert und optimistisch den Aufgaben und ihren Anforderungen nachzugehen – jetzt und zukünftig.

**Der agile Mensch hat Vertrauen in die Zukunft.**

*Reflexionsaufgaben*
1. Was sind Ihre eigenen Inhalte der Identität für Ihre Position?
2. Was ist Ihre Zukunftshoffnung konkret, faktisch oder genau für die Wahrnehmung Ihrer Führungsposition?
3. Was unternehmen Sie konkret mit Ihren Mitarbeitern, um Identität und Zukunftshoffnung in der Gruppe auszulösen und zu erhalten?

## 6. Führung und Betriebswirtschaft

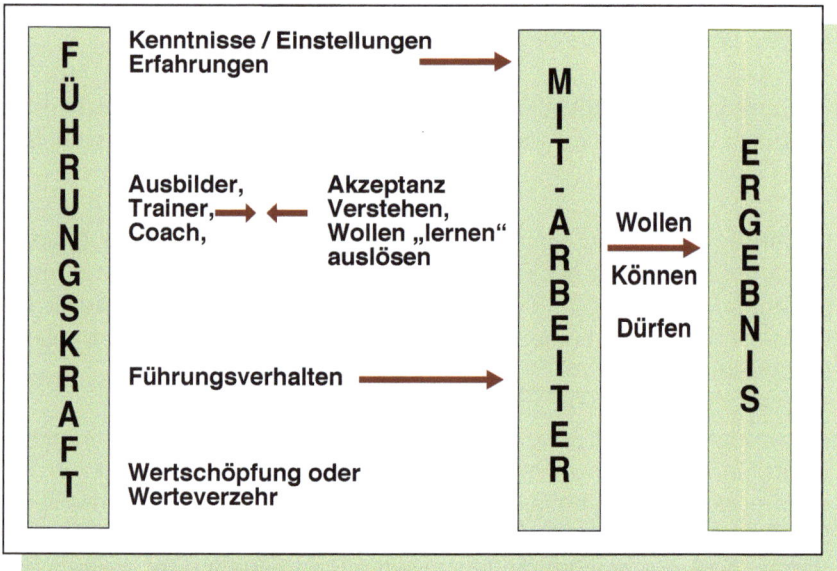

In der Betriebswirtschaft gibt es eine ganz einfache Erkenntnis: Wenn eine Tätigkeit mehr Geld kostet, als sie nachweislich durch Einnahmen einbringt, geht man über kurz oder lang pleite. Nett formuliert: Der Werteverzehr ist größer als die Wertschöpfung.

Wertschöpfung entsteht immer dann, wenn Sie Güter oder Dienstleistungen durch eigenes Tun so verändern, dass der Käufer Ihre Leistung an den von Ihnen erstandenen Veränderungen mitbezahlt. Er akzeptiert Ihre Veränderung an Ressourcen, die er in der Regel nicht selbst vornehmen kann oder will.

Werteverzehr bedeutet, dass die von Ihnen genutzten Ressourcen weder ziel- noch strategieorientiert im Sinne von Produktivität, Wirtschaftlichkeit und Liquidität im Rahmen Ihres thematischen Arbeitskontextes genutzt, be- oder verarbeitet werden. Die Wertschöpfung als Führungskraft gegenüber Ihren Mitarbeitern besteht in der Art und Weise Ihrer inhaltlichen Angebote für deren Wertschöpfung.

Als Führungskraft verursachen Sie durch Ihre Führungstätigkeit (manchmal ist es auch nur Mitarbeiter-Belästigung) Kosten, die dem einzelnen Mitarbeiter oder der Gruppe oder dem Team zugeordnet werden müssen, denn Ihre Führungsbemühungen zielen auf Ihre Mitarbeiter.

Ihre Führungsleistung kann im Ergebnis des Mitarbeiters gefunden werden. Die Kosten, die Sie als Führungskraft verursachen, muss der Mitarbeiter mitverdienen. Wenn Ihre Führungsleistung ihr Geld nicht wert ist, sind Sie überflüssig – ein Grund weshalb in den 90er Jahren des 20. Jahrhunderts Leanmanagement (Kürzungen der Hierarchiestufen) intensiv in den Unternehmen realisiert wurde.

> Der Zeitgeist betont sehr die „weichen" Faktoren der Führung.
> Sie dürfen nicht vergessen, dass in der Bilanz nur harte Faktoren stehen –
> die weichen Faktoren sind kein Selbstzweck,
> sondern Mittel zum Zweck. Der Zweck ist der zufriedene Kunde.

*Reflexionsaufgaben*

Sie erhalten ein monatliches Nettoentgelt, per Arbeitsvertrag haben Sie ein monatliches Bruttogehalt vereinbart und kosten monatlich das Unternehmen Bruttogehalt plus Nebenkosten. Die Nebenkosten betragen in einzelnen Branchen schon über 100 % des Bruttogehaltes.

1. Kennen Sie Ihren Beitrag/Ihre Position in der Wertschöpfungskette?
2. Wieviel Prozent Ihres Nettogehaltes, Bruttogehaltes oder Ihrer monatlichen Gesamtkosten für das Unternehmen erhalten Sie für Ihre Führungsleistung?
   2.1 Hat Ihr Arbeitgeber, Ihre direkte Führungskraft, mit Ihnen darüber gesprochen?
   2.2 Haben Sie es für sich definiert?
3. Haben Sie sich mit Ihren Mitarbeitern über diese Reflexion ausgetauscht, falls diese Führungskräfte sind?
4. Wie wollen Sie Werteverzehr als Führungskraft selbst verhindern?

## 7. Denk- und Handlungsstrategien der Führungskraft

Unternehmen, Organisationen – Gemeinschaften ganz allgemein formuliert – sind Rechtskonstruktionen. Der Ehevertrag, das Lebenspartnerschaftsgesetz, der eingetragene Verein, die GmbH, die GmbH & Co. KG usw. sind nichts anderes als Rechtskonstruktionen, die für menschliches Zusammenleben Verbote, Gebote und Freiheitsgrade gebieten und anbieten im Sinne der Intention des Zusammenlebens.

Die Rechtsform Ihres Unternehmens, in dem Sie arbeiten, genügt und unterstützt das Ansinnen der Eigentümer. Der Vielfalt und Intentionen der Menschen in Gemeinschaften, sich Orientierung aber auch Vergewisserung für ihr gemeinschaftliches Handeln zu geben, steht eine vergleichbar differenzierte Möglichkeit an Rechtskonstruktionen gegenüber.

Der Verständniszugang zu Unternehmen erfolgt nicht nur über rechtliche Aspekte, sondern hauptsächlich über die Fragen:

- Wer ist der Mensch?
- Was will der Mensch?
- Was kann der Mensch?

Ein Unternehmen wird nicht durch seine Rechtskonstruktion erlebt, sondern durch die in dieser Rechtskonstruktion handelnden Menschen.

Wer Unternehmen verstehen und beeinflussen will, muss Menschen verstehen und beeinflussen.

Die Denk- und Handlungsstrategien der Führungskraft sind im Kern die Denk- und Handlungsstrategien des Menschen – der Selbstbeeinflussung, aber auch der Beeinflussung anderer Personen. Wenn Sie Unternehmen als agierende Menschen in ihren Kontexten sehen und verstehen, erkennen Sie einen zentralen Aspekt, nicht nur des Unternehmens in seiner Kultur, sondern jedes Mitarbeiters und jeder Führungskraft in seiner/ihrer Identität und Interessenwahrnehmung.

Jeder handelt als Ausdruck seines persönlichen Vorteils und psychologischen Wohlbefindens. Die Entscheidungen eines Menschen müssen einen emotionalen Mehrwert für den Einzelnen erzielen – und sei er noch so gering.

> Überspitzt formuliert:
> Nicht das Geld regiert die Welt, sondern die Emotionen des Menschen.

Diese Emotionen als Sammelbegriff für Motive, Bedürfnisse, Begabungen und Werte können Sie im Unternehmen in unterschiedlichen Arten und Wirkungsweisen erleben – je nach Absicht und Anlass.

## Vision

Der Glaube versetzt Berge – oder: Der Glaube kann Berge versetzen. Die Formulierung stammt aus der christlichen Bibel und bedeutet soviel wie: Wer an etwas fest und intensiv glaubt, kann viel erreichen. Nun sind Unternehmen in der Regel keine Glaubensgemeinschaften im Sinne religiöser Betätigung. Wahr ist aber an der Formulierung, dass Glaube sich auf starke Ressourcen stützt bzw. dass ein fester Glaube ohne starke Energien nicht möglich ist.

In der Geschäftswelt nennen wir den Glauben, der immer und ausschließlich Zukunftsoptimismus darstellt: Vision. Die Vision beschreibt die maximale Befriedigung eigener Bedürfnisse in einer unbestimmten Zukunft.

- Eigene Bedürfnisse hat jedes Unternehmen. Bedürfnisse betreffen immer konkrete Themen und Situationen. Es können soziale, wirtschaftliche oder philosophische Themen sein. Die Situationen können das eigene Leben, den Kompetenzstand des Unternehmens oder den von Gemeinschaften betreffen.
- Eigene Bedürfnisse hat jeder Mensch: sich selbst erleben im Sinne von Spuren hinterlassen, aber auch sich selbst aktivieren im Sinne von Straßen in die Zukunft bauen.
- Bedürfnisse nach Beachtung, Respekt und Wertschätzung haben auch die Themen und Situationen, in denen Unternehmen und Menschen agieren und interagieren.

Auf allen Ebenen eines Unternehmens, in allen thematischen Bereichen eines Unternehmens und in allen Menschen, die im Unternehmen tätig sind, gibt es die offene oder leider auch manchmal die verdeckte oder verschüttete Frage nach der maximal wirksam werdenden Identität.

## Mission

Der Begriff Mission wird in unterschiedlicher Bedeutung in der Unternehmenswelt erklärt und genutzt. In der Praxis wird er in der Regel als Auftrag zum Handeln genutzt, wobei der Auftrag als Engagement für ein fachliches Thema oder Produktlösungen gemeint ist – aber auch als Verhalten der Führungskräfte und Mitarbeiter.

In der Praxis werden Vision und Mission oft nicht sauber definitorisch voneinander getrennt und manchmal auch als Synonym verwendet – also sehr verwirrend.

Nutzten Sie den Begriff Mission ausschließlich und allein in der Bedeutung für verbindliche Werte, die Orientierung für attraktives Verhalten bieten sollen. Die Quelle für Unternehmensleitbilder, Führungsgrundsätze, Leitsätze von Zusammenarbeit usw. sind Werte.

## Ziel

Als Ziel wird ein eingetretener Zustand in der Zukunft beschrieben, in dem Motive und Bedürfnisse zu einem konkreten Zeitpunkt befriedigt sind. Ziel und Vision sind Ausdruck von emotionaler Zukunftsbetrachtung. Die Vision beschreibt einen generellen und grundsätzlichen Anspruch von zukünftiger Wirklichkeit, während ein Ziel einen konkreten zeitlichen Eintritt/Realisierung eines Bedürfnisses beschreibt.

## Strategie

Das grundsätzliche Vorgehen zur Realisierung des Ziels beschreibt die Strategie. Mit dem grundsätzlichen Vorgehen ist immer die Wahl einer von mehreren Alternativen des Handelns gemeint. Unser strategisches Denken und Handeln ist stark von CARL VON CLAUSEWITZ (1780–1831) entwickelt und beeinflusst worden. Aus Beobachtungen und Analysen des Heereswesens und des Kriegsgeschehens seiner Zeit konnte er die Voraussetzungen und Bedingungen für Erfolg definieren.

## Maßnahmen

Wenn die Strategie festgelegt ist, gilt es, die Strategie mit konkreten Maßnahmen zu realisieren. Maßnahmen leiten sich immer aus Strategien ab. Thematische Maßnahmen, die sich nicht logisch (folgerichtig) aus der thematischen Strategie ableiten, führen im Alltag zur Irritation und Konfusion. Bleiben Sie konsequent in der Sicht und in der Anwendung der Dinge.

### Ein Beispiel für die Denk- und Handlungsstrategie

Das nachfolgende Beispiel ist in der Hoffnung gewählt worden, dass jeder Leser es nachvollziehen, daraus lernen und in seinen Alltag transferieren kann.

Die Pubertät ist das Stadium, in dem Mädchen und Jungen – biologisch betrachtet – zu Frau und zu Mann werden. Neben dem biologischen Auftrag zu Fortpflanzung und Arterhaltung stellt sich den meisten auch die Frage, in welcher kulturellen Konstellation der Vollzug des Biologischen erfolgen soll.

Traditionell können Fantasien über Zukunft gut aus eigenen und fremden Erfahrungen und deren Reflexion entstehen. So wird es nicht verwundern, dass das eine oder andere pubertierende Mädchen und der eine oder andere pubertierende Junge ein harmonisches Familienleben in der Rechtsform der Ehe (Aufgabenprofil) mit dem anderen Geschlecht und den Folgen gemeinsamer biologischer Betätigung als äußerst erstrebenswert und erlebenswert wünscht (persönliche Kontrollüberzeugung/Resilienz) – dauerhaft erlebt, weil dauerhaft erhofft und gewollt.

Mit dieser fest vorstellbaren thematischen Zukunftshoffnung (Vision) ist auch verbunden, was harmonisch in dieser Zukunft bedeutet (Mission/Werte).

Dies entsteht in der Pubertät. Es erfolgt die individuelle (Konstruktivismus) Beschreibung (Anforderungsprofil) und der Suche nach Eignung (Fähigkeitsprofil) des gesuchten Partners für diese harmonische Zukunft.

Zuerst naiv und zufällig mit allen Risiken des biologischen und kulturellen Scheiterns.

Je älter unsere Suchenden werden, desto dringlicher wird die Realisierung der Zukunft als Ausdruck existenzieller Bedeutung, die anfangs noch als euphorisch unverbindliche Haltung  empfunden wurde.

Die Frage entsteht: Wann ist es soweit und mit wem? Wenn so konkret gedacht wird, ist die oder der Suchende bei der Frage des Zeitpunkts der Realisierung (Ziel) und der Frage, wie es zu erreichen (Strategie und Maßnamen) und dauerhaft zu halten ist.

Nichts anderes tun die Menschen im beruflichen Kontext. Und nicht anders gehen sie im beruflichen Kontext vor. Der Mensch agiert in seiner Gesamtheit seiner biologischen und kulturellen Möglichkeiten und Begrenzungen, wenn auch thematisch fokussiert.

Visionen, die real eintreten, sind keine Visionen, sondern Ziele. Insofern ist sehr genau bei der Formulierung einer Vision aufzupassen. Missionen sind auch keine Visionen. Und eine einzelne Maßnahme ist keine Strategie. In der Praxis muss erst die Vision mit der ihr verbundenen Mission formuliert sein. Dann entwickeln sich daraus Ziel, Strategie und Maßnahme.

Diese Denk- und Handlungsstrategien gelten ...
* für alle Personen einer Unternehmung – also vom CEO bis zum jüngsten Auszubildenden bzw. jüngsten Mitarbeiter und
* für alle betrieblichen Positionen.

Erst diese bewusst akzeptierte, entwickelte und organisierte Emotionalität von Menschen und Themen der Unternehmung lassen den angestrebten, aber auch erforderlichen Erfolg des einzelnen Menschen und des Unternehmens leichter und eher eintreten.

*Reflexionsaufgaben*
1. Welche Lebensvision haben Sie?
2. Welche berufliche Vision haben Sie?
3. Welche Vision hat Ihr Unternehmen?
4. Welche Lebensvision hat Ihr Mitarbeiter?
5. Welche berufliche Vision hat Ihr Mitarbeiter?
6. Sind die Visionen vereinbar oder stehen sie sich im Arbeitsalltag im Wege?
7. Welchen Bezug sehen Sie in der 7. Grundeinsicht der Führungskraft zum Thema Agilität?

## 8. Politisch denken – systemisch handeln

Wenn sich ein Mensch oder eine Menschengruppe entscheidet, ein Unternehmen zu gründen oder zu übernehmen, ist damit automatisch die Existenz einer Reihe von Fakten, Verbindungen, Abhängigkeiten und Vernetzungen gegeben oder geboren – je nach Betrachtung.

Jedes Unternehmen und damit jede Führungskraft und jeder Mitarbeiter im Unternehmen ist davon – wenn auch unterschiedlich – zeitlich, direkt und indirekt betroffen. Die Beachtung, das Einbeziehen dieser Fakten des Kontextes ist in der Regel zwingend.

- Zwingend, weil Gesetzesverstöße geahndet werden.
- Zwingend, weil die Nicht-Beachtung den Erfolg schmälert oder ausbleiben lässt.

Führungskräfte und Mitarbeiter sind also nicht frei in ihrem Handeln. Freiheit besteht immer in Grenzen. Wer ohne Grenzen handelt, handelt im Chaos. Grenzen sind wie Schranken. Sie bieten Orientierung und Halt, weil sie Werte sind, als Ausdruck von Geboten und Verboten.

Politisch denkt, wer alle Vernetzungen und Abhängigkeiten mit seinem zu bearbeitenden Thema/Aufgabe erkennt und bedenkt. Systemisch handelt, der die Folgen seiner Entscheidung an der Akzeptanz der Betroffenen ausrichtet.

Das erweiterte Kompetenzmodell bietet Ihnen mit den Kompetenzbereichen und deren inhaltlichen Themen Anhaltspunkt für Ihren Blick der Zusammenhänge und deren Folgen.

*Reflexionsaufgaben*
1. Ist der Gedanke „politisch denken – systemisch handeln" in Aufgaben- und Anforderungsprofilen verankert?
2. Ist der Gedanke „politisch denken – systemisch handeln" in anderen offiziellen Veröffentlichungen des Unternehmens beschrieben?
3. Was ist das Agile an politisch denken – systemisch handeln?

## Die 14 Führungsaufgaben

Will eine Gemeinschaft, eine Organisation oder ein Unternehmen existieren, müssen deren Mitglieder – egal, ob ein Einzelner oder Einzelne oder alle Mitglieder – einen Beitrag zur Aufrechterhaltung und Weiterentwicklung leisten. Die Grundanforderungen an eine Gemeinschaft ...

- wer macht was,
- wer entscheidet was,
- wer informiert wen,

sollte geklärt sein, unbeschadet um welche konkreten Inhalte es geht oder wie und was im Zusammenspiel der Mitglieder wahrgenommen wird. Der Impuls, die Initiative oder der Anstoß muss da sein, muss erfolgen, weil die Dinge sich nicht von allein erledigen.

Insofern entstehen Pflichten für Anstöße, Impulse – den Initiativen. Die Initiativen sind verschieden und variantenreich – je nachdem, was mit der Initiative angestoßen oder bewirkt werden soll.

- Die Initiativen betreffen Themen, Menschen und ihr Zusammenleben.
- Die Varianten dieser Initiativen sind allgemein gültig.
- Die Varianten der Initiativen ermöglichen Vielfalt der Wirkung.
- Die Varianten der Initiativen gewährleisten Mindesterfolg von Führung.
- Führung wird durch die Anwendung der Initiativen erlebbar.

Die 14 Führungsaufgaben einer Führungskraft sind diese Initiativen, ohne die Entwicklung – in welche Richtung auch immer – nicht möglich ist. In der BWLhaben Führungsaufgaben eine lange Tradition:

- Ziele setzen,
- planen,
- entscheiden,
- realisieren,
- kontrollieren

waren das Verständnis von Führung – in Bezug auf Personen und Strukturen – in der Mitte des letzten Jahrhunderts. Das Verständnis von Führung hat sich sehr verändert und wird sich weiter verändern. Insofern ist davon auszugehen, dass in 50 oder 80 Jahren die Führungsaufgaben in einem anderen differenzierten Verständnis definiert sind.

Bevor die Führungskraft handelt und wenn sie als Ergebnis von Analysen und Bewertungen handelt, sollte die Führungskraft über eine erprobte Methode des Analysierens und Bewertens verfügen. Hier bietet sich die schon vorgestellte KEPNER-TREGOE-Methode an, die der Führungskraft differenzierte Betrachtungen und Untersuchungen ermöglichen. Die Methode können Sie für jeden Führungsanlass verwenden. Sie hat universellen Charakter.

Die 14 Führungsaufgaben führen in die Zukunft.

1. Auseinandersetzen mit der Zukunft
2. Motivation auslösen
3. Arbeitsabläufe planen
4. Führen mit Zielen
5. Entscheiden
6. Delegieren
7. Koordinieren
8. Organisieren und Verbinden
9. Informieren und Kommunizieren
10. Fördern und Entwickeln
11. Mitarbeiterauswahl und Mitarbeitereinsatz
12. Mitarbeiterschutz
13. Selbstentwicklung
14. Messen und bewerten

## 1. Auseinandersetzen mit der Zukunft

 Wenn das einzig Beständige der Wandel ist, gilt es, ...
- den Wandel zu erkennen
- den Wandel zu initiieren

oder

- mit dem Wandel zu leben.

Die Veränderungen sind zwangsläufig – keiner kann ihnen entkommen oder sich vor ihnen verstecken.

Die Führungskraft ist in ihrem Themenfeld der Unternehmer. Die Aufgaben des Unternehmers im Thema bedeuten:

- rechtliche Veränderungen zu erkennen,
- volkswirtschaftliche Entwicklungen zu beachten,
- Wissensveränderungen zu antizipieren,
- Wettbewerber jeglicher Art zu erkennen und abzuwehren,
- Werteentwicklung im Führungsbereich zu ermöglichen.

Die Arbeitswelt der Mitarbeiter mit ihren ...
- veränderten Aufgaben,
- den veränderten Anforderungen zur Aufgabenlösung,
- den veränderten Fähigkeiten und Fertigkeiten für kompetentes Handeln

gilt es – als Verantwortlicher des Themas und seines Kontextes – wertschöpfungsfähig zu machen: für die immer wieder neue Zukunft handlungskompetent zu sein.

Auseinandersetzung mit der Zukunft sind die immer wieder neu zu lösenden Fragen: Wer macht was, wer entscheidet was, wer informiert wen und wie soll es im Zusammenleben von möglichst allen akzeptiert geschehen, damit zufriedene Kunden erhalten bleiben und/oder neue Kunden gewonnen werden können?

*Reflexionsaufgaben*
1. An welchen Anzeichen erkennen Sie den aufkommenden Wandel für Ihren Führungsbereich?
2. Aus welchen thematischen Quellen stammen die wichtigsten Veränderungsimpulse?
3. Welche Veränderungen initiieren Sie für Ihren Bereich?
4. Bei welchen Veränderungen benötigen Sie Unterstützung – von wem und welche?

## 2. Motivation auslösen

 Als Führungskraft haben Sie ein elementares Interesse an handlungskompetenten Mitarbeitern, die gewollte oder vereinbarte Wertschöpfung kreieren. Dieser Impuls des Tuns entsteht idealerweise in der Person des Mitarbeiters. Der selbstständige und verantwortungsvolle Mitarbeiter entsteht idealerweise in der Person des selbstständigen und verantwortungsvollen Mitarbeiters, der aus eigenem Antrieb, aus sich heraus, seine Aufgaben erledigt.

Diese intrinsische Motivation besteht aus den Komponenten: Begabung, Motiv und Energiepotenzial.

| | |
|---|---|
| Begabung | Ausdruck für die Beschäftigung mit einem speziellen Thema. |
| Motiv | Ausdruck der grundsätzlichen Beschäftigung mit dem Thema. |
| Motivation | Ausdruck der Energiemenge, die für die grundsätzliche Beschäftigung mit dem konkreten Thema eingesetzt wird. |

Motivation auslösen, bedeutet für Sie als Führungskraft, dass Sie die Themen kennen und anbieten, die Ihr Mitarbeiter interessiert und grundsätzlich bearbeiten will und die Intensität des Wollens (Energiemenge), die er freiwillig in der Aufgabenbewältigung einsetzen wird.

Themen, die den Mitarbeiter nicht interessieren, müssen durch Sie interessant gemacht werden, weil sie sonst nicht durch den Mitarbeiter wahrgenommen werden. Erklären Sie das Wertvolle an einem Thema und der Beschäftigung mit ihm durch den Mitarbeiter. Individualisieren Sie das Wertvolle auf den Mitarbeiter, damit er seine Identifikation mit dem Thema entwickeln kann. Themenbearbeitung und individuelle Lösungskompetenz müssen als „EINS" durch den Mitarbeiter gesehen werden können, damit Motivation entsteht.

Als Führungskraft schaffen Sie die Bedingungen und Voraussetzungen für die Motivation des Mitarbeiters. Nur er kann sich motivieren, denn nur in ihm entsteht sie.

*Reflexionsaufgaben*

1. Notieren Sie die Themen jedes Mitarbeiters, für die sich der Einzelne sehr interessiert.
2. Können diese interessanten Themen im Rahmen der Position des Mitarbeiters durch ihn bearbeitet werden?
3. Wie könnten Sie die Arbeitsinhalte und Arbeitsbedingungen jedes Mitarbeiters gestalten, damit dadurch Motivation beim Einzelnen ausgelöst wird?

## 3. Arbeitsabläufe planen

Aus den drei Grundfragen für die strukturelle Orientierung einer Gemeinschaft: Wer macht was, wer entscheidet was und wer informiert wen entsteht die Frage nach der praktischen Umsetzung im Handeln. Stabilität und Vorhersehbarkeit des Handelns unter und zwischen einander. Arbeitsabläufe betreffen die vereinbarte Be- und Abarbeitung eines Themas durch unterschiedliche Beteiligte.

Arbeitsteilung soll Produktivität und Wirtschaftlichkeit durch Einsatz von professionellem Wissen in der Wertschöpfungskette gewährleisten.

Diese Geschäftsprozesse sind durch die Führungskraft – unter Beteiligung der Mitarbeiter – zu kreieren, aber auch festzulegen.

Arbeitsabläufe im Sinne von Effektivität und Effizienz zu beeinflussen, gilt nur für solche, ...
- die mehrere Mitarbeiter innerhalb Ihres Führungsbereiches;
- aber auch Ihre Mitarbeiter mit Mitarbeitern und Kunden außerhalb Ihres Führungsbereiches betreffen.

Arbeitsabläufe innerhalb eines Aufgabengebietes des einzelnen Mitarbeiters fallen nicht unter diesührungsaufgabe. Jeder Mitarbeiter muss seinen Arbeitsplatz nach bestehenden Grundsätzen selbstorganisiert gestalten und verantworten (Selbstführung).

Arbeitsabläufe planen, betrachtet schwerpunktmäßig den zeitlichen Ablauf der Aufgabenbearbeitung. Arbeitsabläufe planen, steht in engem Kontakt mit den Führungsaufgaben Koordinieren und Organisieren und Verbinden.

Arbeitsabläufe planen, hat zwei Ausprägungen im Sinne der zwei oben genannten Grundfragen. Geschäftsprozesse beziehen sich auf das konkrete Abarbeiten einer Aufgabe, Unterstützungsprozesse betreffen die grundsätzliche Gestaltung von Arbeits- und Managementprozessen betreffen sowie die unternehmensstrategischen Prozesse eines Unternehmens.

*Reflexionsaufgaben*
1. Wie viele Geschäftsprozesse gibt es in Ihrem Führungsbereich?
2. Sind die Geschäftsprozesse auf dem aktuellen Stand?
3. Wirken die Mitarbeiter an der Aktualisierung ihrer Geschäftsprozesse periodisch mit?
4. Dürfen Mitarbeiter eigene (neue) Geschäftsprozesse initiieren?

## 4. Führen mit Zielen

 Als Vertreter des Arbeitgebers und Interessenvertreter Ihres thematischen Verantwortungsbereichs haben Sie das Recht und die Pflicht jeden Ihnen zugeordneten Mitarbeiter in der Wahrnehmung der ihm übertragenen Arbeitsaufgaben zu beeinflussen

Zielorientierung des Handelns ergibt sich aus der Tatsache, dass am Ende einer Geschäftsperiode – in der Regel das Kalenderjahr – Rechenschaft abzulegen ist. Ist mehr Wertschöpfung oder mehr Werteverzehr im Sinne der Anforderungen der betriebswirtschaftlichen Führung (Gewinn oder Verlust) der Unternehmung entstanden? Der Fiskus verlangt auch periodisch Rechenschaft im Sinne von vielfältigen Steuern auf die erbrachte Wertschöpfung.

Ziele sollen helfen, Wertschöpfung bewusst zu erreichen. Wertschöpfung soll eingetreten sein. Ziele beschreiben nicht Absichten. Ziele beschreiben auch nicht Strategien oder Maßnahmen. Maßnahmen und Strategien treiben an – Ziele ziehen an. Attraktive Ziele, die mit den Bedürfnissen, Motiven und der Motivation (Energie- oder Antriebsmenge) des Mitarbeiters im Einklang stehen, werden durch ihn lieber in Angriff genommen – es kommt zum Flow.

Zielvereinbarungen gewährleisten dies im besonderen Maße, weil der Mitarbeiter seine Interessen und seine Ressourcen, denen er vertraut, einbringen kann. Zielvereinbarungen haben „basisdemokratischen" Charakter, weil der Mitarbeiter und seine Führungskraft gleichberechtigt einen Zukunftszustand erreichen wollen bzw. befürworten.

Zielvorgaben repräsentieren das eingetretene Wertschöpfungsergebnis der Führungskraft. Der Mitarbeiter kann Strategien und Maßnahmen zur Zielerreichung im Rahmen seiner definierten Arbeitsbedingungen selbst festlegen.

Zielanweisungen legen nicht nur das einzutretende Ergebnis fest, sondern legen auch die Strategien und Maßnahmen zur Erreichung der Wertschöpfung fest.

*Reflexionsaufgaben*

1. Welche Art des Führens mit Zielen setzen Sie bewusst und legitimiert bei welchem Ihrer Mitarbeiter und seinen Aufgaben ein?
2. Wann in der Geschäftsperiode entwickeln Sie Ziele?
3. Wie agieren Sie bei Nichterreichung von vereinbarten oder gewollten Zielen?
4. Ist das Zielsystem Ihrer Unternehmung geeignet, effezient zu führen? Was müsste geändert werden?

## Führen mit Zielen

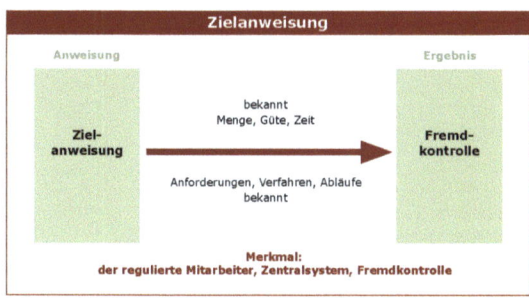

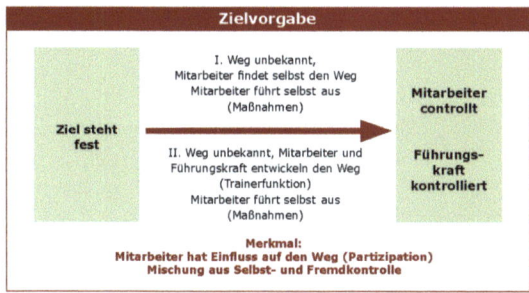

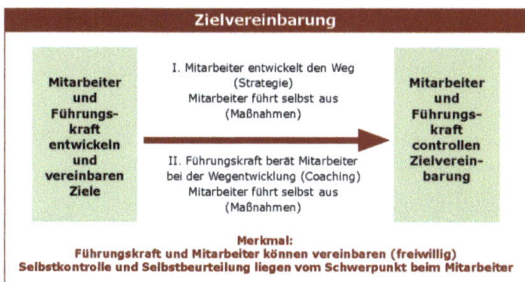

**Die Komponenten einer Zielformulierung**

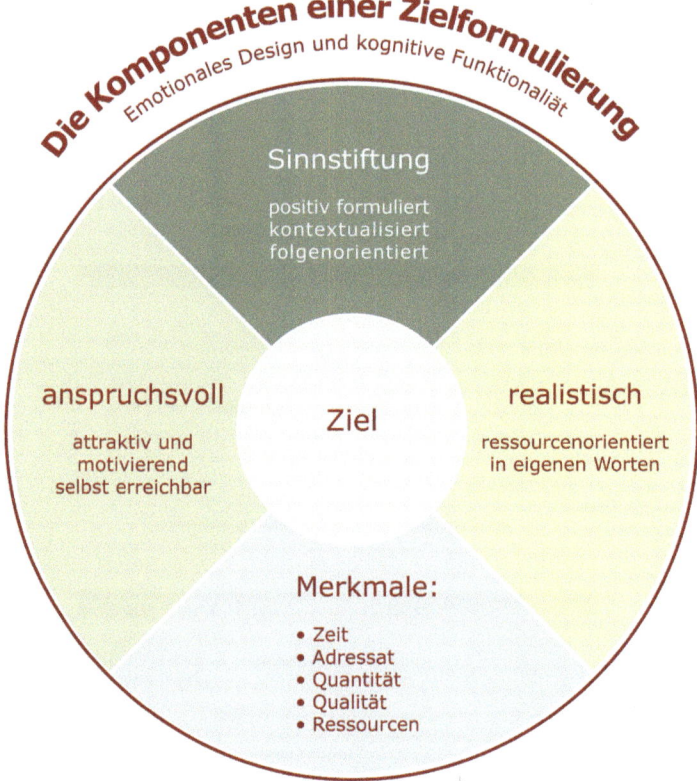

Zielformulierungen sollten als dauerhaft eingetretener Zustand in
der Zukunft formuliert sein (Futur 2)

In der Praxis ist „SMART" als Grundlage für Zielformulierung vorherr-
schend. SMART hat drei grundlegende Nachteile:

1. Formulierung in Futur 2 fehlt als der unbedingte Wille zum Erreichen.
2. Kontextueller Bezug (Ressourcen) fehlt.
3. Selbsterreichbarkeit (eigene Ressourcenverfügung) ist nicht gesichert.

## 5. Entscheiden

Logisches Denken und Handeln ist nicht identisch mit Entscheiden – obwohl beides in der Regel zusammengehört. Logisch denken und handeln Sie, wenn Sie eine neue Aktivität aus den Bedingungen und dem Ergebnis der vorangegangenen Aktivität ableiten und in direktem Zusammenhang bringen können. Folgerichtiges Denken und Handeln ist logisch.

Entscheidungen entstehen, wenn Sie zwischen Alternativen wählen können, wobei die Alternativen aus einem logisch zusammengehörigen Grundthema (ab-)stammen müssen, das zur Bearbeitung Ihrer Aufgabe benötigt wird. Ihre Entscheidungen müssen einen grundsätzlichen und logischen Themenbezug haben. Entscheiden Sie, ob Sie eine Tanne oder Fichte kaufen, haben sie Alternativen, die aus dem Grundthema „Nadelbäume" stammen. Entscheiden Sie sich zwischen einer Fichte oder einer Eiche, dann entscheiden Sie nicht mehr logisch aus der Grundressource „Nadelbäume", sondern aus der grundsätzlicheren (abstrakteren) Ressource „Bäume". Dies kann zur Bearbeitung Ihres Themas – Entscheidung treffen zwischen Alternativen – falsch sein, weil nicht logisch. Die Qualität Ihrer Entscheidung hängt also davon ab, ob Sie Alternativen in einem logischen Zusammenhang entwickeln können und sich auf eine Alternative begründet festlegen.

Ihre Führungsentscheidung, die den Arbeitsplatz Ihres Mitarbeiters betrifft und dort die Realisierung Ihrer Entscheidung durch Ihren Mitarbeiter Wertschöpfung auslösen soll, muss aus logisch begründeten Alternativen entstanden sein.

Mitarbeiter sind klug und gut ausgebildet. Viele Entscheidungen, die ihren Arbeitsplatz betreffen, können sie selbst logisch entwickeln. Alle Entscheidungen der Führungskraft werden auf logische Entstehung und Sinnhaftigkeit durch den Mitarbeiter überprüft. Sie steigern die Akzeptanz ihrer Entscheidung, wenn Sie den betreffenden Mitarbeiter bei der Entstehung der Entscheidung beteiligen.

*Reflexionsaufgabe*
1. Entsprachen die letzen drei Entscheidungen, die sich im Arbeitsgebiet eines Mitarbeiters auswirken sollten, diesen Anforderungen an die Qualität von Entscheidungen?
2. Was war bei Ihren Entscheidungen „agil"?

## 6. Delegieren

 Delegieren ergibt sich aus der Grundeinsicht 2 „Führung entsteht als Überlaufsystem".

Sie übertragen/delegieren Aufgaben, wenn Sie ...
- bedingt durch die Aufgabenmenge selbst nicht mehr in der Lage sind, sie wertschöpfend zu bearbeiten,
- Aufgaben erledigen sollen, für die Ihr Kompetenzprofil nicht ausreicht,
- nachweisen können, dass der Mitarbeiter die Aufgaben kostengünstiger erstellen kann – bei akzeptierter Qualität der Wertschöpfung.

Die unmoralische Delegation durch Sie liegt vor, wenn Sie ...
- Ihre Arbeiten von Mitarbeitern machen lassen (Faule-Sau-Syndrom);
- Mitarbeitern Aufgaben übertragen, in der Hoffnung, dass sie scheitern (Linke-Sau-Syndrom);
- qualifizierten Mitarbeitern Aufgaben übertragen, um sich anschließend mit deren Ergebnissen zu brüsten (kapitalistisches Ausbeuter-Syndrom);
- Mitarbeiter mit Aufgaben betrauen mit der Absicht, sie zu „demotivieren" (Mobbing).

Die vier letztgenannten Delegationsformen und ihre Varianten erkennen die Mitarbeiter – sie untergraben im doppelten Sinn Ihre Autorität. Dies lässt Identifikation und Zukunftshoffnung bei Mitarbeitern weder entstehen noch gedeihen – wohl aber erst innere und dann tatsächliche Kündigung, oftmals verbunden mit vorangegangenen Unruhen und Aufständen.

Gute Delegation bedarf, wie alle Führungsaktivitäten, einer guten Erklärung. Ein Mitarbeiter, der die Delegation vom Anlass, von der Legitimation und von den Inhalten nicht versteht, wird eine mögliche qualitative Wertschöpfung kaum oder gar nicht anstreben und/oder erreichen. Aufgabendelegation betrifft den einzelnen Mitarbeiter, eine oder die gesamte Mitarbeitergruppe und jedes Team, das Ihnen führungsmäßig zugeordnet ist.

*Reflexionsaufgaben*
1. Wenn Sie nur in der vertraglich vereinbarten Zeit arbeiten dürften, welche Aufgaben würden Sie an welchen Mitarbeiter delegieren?
2. Welche Delegationen haben in den letzten zwölf Monaten nicht zu den gewünschten Wertschöpfungen geführt – woran lag es (ehrlicherweise)?
3. Haben Sie zu jeder übertragenen Aufgabe auch die entsprechenden Befugnisse mitübertragen?
4. Welche der sechs Merkmale des Agil-Gens wurden in den Fragen 1-3 beachtet oder nicht beachtet?

## 7. Koordinieren

Alles hängt zusammen, alles ist miteinander verbunden und interagiert miteinander. Die Grundeinsicht 8 „politisch denken – systemisch handeln" beschreibt diesen Grundsatz von Gemeinschaften, Organisationen und Unternehmen. Systemisch als Adjektiv von „das Zusammengesetzte" zieht sich durch bis in die kleinsten Winkel im Unternehmen. Zusammenhänge sind nicht nur allein daran erkennbar, welche Prozesse beschrieben sind, wie das Organigramm Ihres Bereiches oder Ihrer Unternehmung aufgebaut ist, sondern auch an den nicht beschriebenen Interpretationen und Deutungen dieser scheinbar objektiven Beschreibung von Wirklichkeit. Nichts ist, wie es ist. Gemeinsames, akzeptiertes Faktenwissen und seine Deutung in der Situation durch die Beteiligten, schaffen das bekannte Wir-Gefühl.

Koordination will nach den Vorstellungen der Beteiligten zusammenfügen, was zusammengehört. Koordinieren betrifft nicht den einzelnen Mitarbeiter, sondern alle Beteiligte an der Erstellung der vereinbarten oder gewollten Wertschöpfung.

Sie koordinieren Interessen zu einem Zeitpunkt. Dies ist aber auch die Gefahr der Koordination, denn Sie können nicht sicher sein, dass die zu einem Zeitpunkt mit allen Beteiligten errungene Gemeinsamkeit der Interessen, auch Bestand hat. Die Bedingung der Führung „das einzig Beständige ist der Wandel" greift auch hier deutlich und immer wieder.

Durch Ihre Koordination sollen Sie das gemeinsame Interesse, das Bewusstsein und die Kompetenzen zur Erstellung der Wertschöpfung durch den Einzelnen, die Gruppe oder das Team sicherstellen. „Identität und Zukunftshoffnung" lösen Sie durch Koordination praktisch aus.

Die Führungsaufgabe „Koordinieren" der Interessen aller Beteiligter lässt sich ...
- in den Geschäfts-, Unterstützungs- und Managementprozessen,
- den Deutungen von Fakten und Situationen durch Werte

am besten erkennen.

*Reflexionsaufgaben*
1. Welche konkreten Auswirkungen hat Ihr Wissen vom Kompetenzmodell bei der Wahrnehmung der Koordination?
2. Was sind in Ihrem Führungsbereich typische Koordinationsthemen?
3. Wann koordinieren Sie „agil"?

## 8. Organisieren und Verbinden

 Führung ist personal die Menschenführung und struktu-
rell die Gestaltung der Organisation vom Zusammenspiel
der Beteiligten.

Unternehmen stehen im Wettbewerb mit anderen Anbie-
tern am Markt und buhlen um die Gunst der vorhandenen und potenziellen Kunden. Die Marktattraktivität Ihres Unternehmens mit seinen individuellen Produkten und/oder Dienstleistungen entsteht auch durch die interne wertschöpfungsorientierte Lö-
sungsgeschwindigkeit für den Kunden. Die praktischen Antworten auf die
immer wiederkehrenden Fragen:

- Wer macht was?
- Wer informiert wen?
- Wer entscheidet was?

werden für vereinbarte oder gewollte Wertschöpfung gesucht.

Die notwendigen Geschäfts-, Unterstützungs- und Managementprozesse
für den Erfolg des Unternehmens müssen ...

- dem Wandel der Anforderungen angepasst werden;
- für die Ansprüche neuer Produkte und Dienstleistungen kreiert
  werden;
- die Entwicklung neuer Produkte und Dienstleistungen ermöglichen.

Die Führungsaufgabe „Organisieren und Verbinden" fokussiert ihren
Blick als Führungskraft auf die Strukturen der Wertschöpfung, in denen
Menschen motiviert arbeiten.

Organisieren und verbinden ist die betriebswirtschaftliche Forderung, die
Führungskräften in Ihrem Führungsbereich Wertschöpfung durch optima-
le Strukturen der Arbeitsbewältigung ermöglichen. Produktivität und
Wirtschaftlichkeit stehen neben anderen zentralen „harten" Themen für
gelingende Wertschöpfung im Mittelpunkt. Die Vermeidung oder zumindest die Reduzierung des Werteverzehrs auf den geringstmöglichen Stand
ist durch die Beachtung der „harten betriebswirtschaftlichen Themen"
beim Organisieren und Verbinden der Maßstab.

*Reflexionsaufgaben*

1. Wie haben Sie für die einzelnen Mitarbeiter und deren Aufgabengebiete die Stellvertretung für beabsichtigte und unbeabsichtigte Arbeitsplatzabwesenheit geregelt?
2. Wie konkret definieren Sie Produktivität und Wirtschaftlichkeit für die Prozesse in Ihrem Führungsbereich?
3. Welche Organisationsstruktur – funktionale Linienhierarchie oder Matrixorganisation – hilft Ihnen eher, Wertschöpfung zu generieren? Wieso?
4. Wie setzen Sie die agilen Merkmale von
   * Anpassungsfähigkeit
   * Antizipation
   * Pro-aktiv
   * Flexibilität
   in der Führungsaufgabe ‚Organisieren und Verbinden΄ im Arbeitsalltag um?

## 9. Informieren und Kommunizieren

 Sie erinnern sich an die Grundeinsicht 2 der Führung: Führung entsteht als Überlaufsystem.

Angelehnt an biologische Vorgänge bedeutet das: Sie „vermehren" sich, weil Sie durch teilweise dieselben und teilweise vergleichbaren Interessen, Fähigkeiten, Fertigkeiten und Begabungen Menschen benötigen, die Sie in der Aufgabenbewältigung unterstützen und dabei energiegeladen, identifiziert mit der Attraktivität der Thematik und motiviert zum kompetenten Handeln sind.

Wie können Sie diesen Wunsch-Mitarbeiter immer wieder entstehen und wirken lassen? Biologisch betrachtet, erhalten Sie sich durch ausgewogene Ernährung, achtsame Beachtung Ihrer werteorientierten Interessen und durch Ihre körperliche Fitness.

Die „ausgewogene Nahrung" zur Wertschöpfung Ihres Mitarbeiters sind alle Informationen, die er zur Ausübung seiner Aufgaben benötigt.

Aus Führungssicht haben Sie Bringschuld von Informationen gegenüber Ihrem Mitarbeiter. Aus Mitarbeiter-Sicht gibt es die Holschuld von Informationen von Ihnen.

Die Kommunikation ist die Organisationsform der Informationsüberbringung, deren verständliche Aufbereitung und der gemeinsamen wertschätzenden Reflexion in Anwendungssituationen.

Verständlich, im Sinne von Verstehen, informieren Sie, wenn Sie Ihre Information in der Sprache und dem intellektuellen Verständnis Ihres Mitarbeiters nach den Merkmalen aufbereiten:

- Vom Bekannten zum Unbekannten.
- Vom Einfachen zum Schwierigen.
- Vom Allgemeinen zum Speziellen.
- Vom Konkreten zum Abstrakten.

*Reflexionsaufgaben*

1. Beachten Sie diese vier Anforderungen an Kommunikation?
2. Welche typischen Kommunikationsanlässe haben Sie mit Ihren Mitarbeitern in Ihrem Führungsbreich?
3. Welche typischen Kommunikationsanlässe mit Ihren Mitarbeitern verlangt „das Unternehmen" von Ihnen als Führungskraft?
4. Durch was unterstützt Ihre Führungsaufgabe „Informieren und Kommunizieren" die Agilität ihrer Mitarbeiter?

## 10. Fördern und Entwickeln

Sie kennen das Sprichwort: Wer rastet, der rostet. Wenn Führungskraft und Mitarbeiter sich dem Wandel der Wirklichkeit – welche es auch immer sein mag – nicht stellen, werden sie die Gezeiten des Wandels nicht überstehen.

Nichts bleibt, wie es ist. Veränderungen kommen plötzlich und überraschend aber auch langsam und schleichend. Die Führungsaufgabe „Auseinandersetzen mit der Zukunft" fokussiert den Wandel. Die Führungsaufgabe „Fördern und Entwickeln" fokussiert die Konsequenzen des Wandels in ...

- veränderten oder neuen Aufgabenprofilen,
- veränderten oder neuen Anforderungsprofilen,
- veränderten oder neuen Fähigkeitsprofilen,

um

- einzeln,
- in einer Gruppe,
- in einem Team

vereinbarte oder gewollte Wertschöpfung als Alleinarbeit oder zusammen mit anderen Menschen in Prozessen zu erbringen.

Das Kompetenzmodell ist hierbei Orientierung für alle Themen des Könnens in der Situation. Es gilt, durch Sie als Führungskraft zusammen mit dem Mitarbeiter und vielleicht durch Unterstützung von internen und externen Experten, die konkret benötigten Fähigkeiten und Fertigkeiten zu identifizieren, zu bestimmen, zu beschreiben und festzulegen, um sie durch Lernvorgänge im Mitarbeiter abrufbereit für seine zu erstellende Wertschöpfung entstehen zu lassen.

Aus dem Arbeitsvertrag mit dem Mitarbeiter ergeben sich allgemeine Anforderungen an sein Handeln und Forderungen an seine situative Wertschöpfung. Die Forderung nach situativer Wertschöpfung kann unter der Tatsache des Wandels nur mit „Fördern und Entwickeln" gelingen oder: Wer ernten will, muss säen. Werteorientierte Führung, Nachhaltigkeit von Führung und Beachtung des Grundgesetzes „Eigentum verpflichtet", lassen sichere und dauerhafte Arbeitsplätze auch durch „Fördern und Entwickeln" entstehen.

## 11. Mitarbeiterauswahl und Mitarbeitereinsatz

 Die Devise galt, gilt und wird immer gelten: Die richtige Frau, den richtigen Mann – am richtigen Platz.

Wertschöpfung – vereinbart oder gewollt – im Sinne des Abnehmers, Empfängers oder Nachfragers eines Produktes oder einer Dienstleistung wird nur situativ und dauerhaft gelingen, wenn Aufgaben und ihre Anforderungen an einen Positionsinhaber in seinen Fähigkeiten zur Wertschöpfung vereint sind.

Das Anforderungsprofil wird aus den Inhalten der Kompetenzbereiche des Kompetenzmodells erstellt. Diese grundsätzlichen, abstrakten Themenvorgaben leiten Sie, definierte Aufgaben einer Position in konkrete Anforderungen zur Aufgabenrealisation festzulegen und zu beschreiben.

Mitarbeiter werden nach ...
* überprüfbar vorhandenen Fertigkeiten und Fähigkeiten
* ausreichend vorhandenen und entwickelbaren Potenzialen
ausgesucht und einer Position zugeordnet. Die Zuordnung muss die Wertschöpfungsfähigkeit des Mitarbeiters mit hoher Gewissheit gewährleisten.

Als Führungskraft wählen Sie Mitarbeiter aus, um ...
* einzelne Aufgaben einmalig oder dauerhaft zu bewältigen;
* eine Aufgabengruppe einmalig oder dauerhaft zu bewältigen;
* in einer Arbeitsgruppe einzelne Aufgaben dauerhaft zu bewältigen;
* innerhalb eines Prozesses (Team) eine spezialisierte Aufgabe zu bewältigen;
* innerhalb von führungsbereichsübergreifenden Projekten als Spezialist mitzuwirken;
* dem Einzelnen einen Karriereschritt zu ermöglichen;
* im Einzelfall den Mitarbeiter zur Versetzung in andere Unternehmsbereiche oder Freisetzung vorzuschlagen;
* Mitarbeiter aus dem internen und externen Unternehmensmarkt für eine Aufgabe in Ihrem Führungsbreich zu gewinnen.

## 12. Mitarbeiterschutz

Unbeschadet der Tatsache, ob Sie Menschen mögen oder nicht, Ihr Mitarbeiter, der Hort für gewollte oder vereinbarte überprüfbare Wertschöpfung, ist ein Mensch, ein Mensch mit all seinen Ecken und Kanten: seiner Individualität. Wie Menschen „ticken" können Sie aus den Reflexionen der fünf Bedingungen von Führung, den acht Grundeinsichten der Führung und aus den anderen 13 Führungsaufgaben ableiten.

Betriebswirtschaftlich betrachtet ist ein ...

* kranker Mitarbeiter ein teurer Mitarbeiter, weil seine Arbeit von anderen Mitarbeitern erledigt werden muss;
* lustloser Mitarbeiter anfällig für Fehler und geringe Wertschöpfung;
* schlecht ausgebildeter Mitarbeiter anfällig für (Dauer-)Kritik wegen mangelnder Wertschöpfung.

Mitarbeiter-Schutz organisieren Sie im Sinne der Führungsaufgabe „Organisieren und Verbinden", wenn Sie ...

* den Arbeitsplatz unfallfrei gestalten;
* die Kommunikation mit ihm auf der Basis von Respekt und Wertschätzung gestalten und einfordern;
* Mobbing und andere den Mitarbeiter herabsetzende Verhaltensweisen durch sich und andere verhindern;
* den Mitarbeiter in seiner normalen Arbeitszeit mit Ihrer Führungsarbeit beglücken;
* dafür sorgen, dass der Mitarbeiter seinen Urlaubsanspruch verwirklichen kann;
* ihm ärztliche Vorsorge und Unterstützung anbieten;
* den Mitarbeiter nicht mit Aufgaben über- oder unterfordern, gemessen an seinem Potenzial;
* dem Mitarbeiter Hilfe anbieten und ihn unterstützen, um ihn vor sich selbst zu schützen.

*Reflexionsaufgaben*
 1. Welche Maßnahmen haben Sie für sich ergriffen, um sich selbst zu schützen?
 2. Wie wird „Gesundheit" im Unternehmen gesehen?
 3. Wer weiß davon und unterstützt Sie darin?
 4. Welche Aktivitäten haben Sie für den Schutz Ihrer Mitarbeiter ergriffen?

## 13. Selbstentwicklung

 Auf den ersten Blick erscheint es eigentümlich, dass Selbstentwicklung eine Führungsaufgabe ist, wenn Führung die Einwirkung auf vereinbarte oder gewollte Wertschöpfungsergebnisse beim Mitarbeiter ist. Auf den zweiten Blick wird offensichtlich, dass Einwirkung nicht nur bewusst, sondern auch inhaltlich begründet sein muss.

Da ist er wieder: der Zusammenhang von Wissen und Können als Voraussetzung von Wertschöpfung.

Die Qualität Ihrer „Einwirkung" korreliert mit der entwickelten Wertschöpfungskompetenz Ihres Mitarbeiters.

Ihr Aufgabengebiet und die daraus abgeleiteten Aufgabengebiete Ihrer Mitarbeiter basieren in der Regel auf ...
- staatlich geregelten Berufsbildern,
- gesellschaftlich anerkannten Studienabschlüssen,
- brancheninternen zertifizierten Qualifizierungen.

Alle drei Quellen des Wissens entwickeln sich inhaltlich und methodisch weiter, weil sich die Anforderungen in diesen Themengebieten wandeln oder einer Wandlung unterzogen werden.

Sie kennen das geflügelte Wort: Wer zu spät kommt, den bestraft das Leben. Übertragen auf Ihre Führungssituation bedeutet es:

- Wenn Sie keine inhaltlichen Impulse für Weiterentwicklung an Ihre Mitarbeiter geben, dann sind Sie für die sich wandelnden Anforderungen mit den damit verbundenen Fähigkeiten an der Erstellung von Wertschöpfung nicht nützlich.
- Wenn Sie die guten Ideen oder fachlichen Argumentationen Ihrer Mitarbeiter nicht verstehen und aufgreifen können, laufen sie Gefahr, sinnvolle Entwicklung nicht zu unterstützen oder nicht voranzutreiben.

Das lebenslange Lernen ist Ausdruck von der Führungsbedingung: Das einzig Beständige ist der Wandel.

## 14. Messen und Bewerten

Einst galt der Spruch: „Alles was delegiert ist, wird kontrolliert" und meinte damit die einseitige Vergangenheitsschau – oft in der Form von Kritik mit wenig respektvollem und wertschätzendem Umgangston.

Messen und Bewerten zielt auf die vereinbarte oder gewollte Wertschöpfung des Mitarbeiters. Das eingetretene Ergebnis ...

- wird gemessen (Zielerreichungsgrad);
- die Gründe des Zielerreichsgrades werden ermittelt;
- Quantität und Qualität des Zielerreichungsgrades werden bewertet;
- lässt Schlussfolgerungen für die Art und Weise (selbstorganisierte Ressourcen) der zukünftigen Wertschöpfungsgenerierung zu.

Sie messen und bewerten, um vergangene erfolgreiche Wertschöpfung wiederholen zu lassen und ziehen Konsequenzen für zukünftige Vorgehensweisen in der Entstehung von Wertschöpfung.

Absicht ist hierbei, den Mitarbeiter durch Ihre Führungsaktivitäten selbst auf die Lösung für zukünftig erfolgreiche Wertschöpfung kommen zu lassen (Coachingfunktion der Führungskraft).

Die Sicherung der Wertschöpfungskompetenz des Mitarbeiters sorgt für zufriedene Abnehmer der Wertschöpfung, deren Bindung an den Mitarbeiter und Ihren Führungsbereich und lässt hoffen, dass der Kunde in seinem Kaufverhalten Ihrem Mitarbeiter und damit Ihrem Führungsbereich treu bleibt. Sicherung der Arbeitsplätze, Anerkennung und Wertschätzung für den Mitarbeiter und für Sie sind damit gesichert.

In der Wahrnehmung der Führungsaufgabe „Messen und Bewerten" können Sie die Wertschöpfung Ihrer Führungsleistung im „Messen und Bewerten" der Wertschöpfungsleistung des Mitarbeiters erkennen.

Mit der Güte und der Ehrlichkeit von „Messen und Bewerten" haben Sie Ihr eigenes, wertschätzendes Controllinginstrument für sich kreiert.

## Die Wirkungserwartung der 14 Führungsaufgaben

Aus dem Verkauf kennen Sie vielleicht die Begriffe „Point of Sale" und „face-to-face-Verkauf". Gemeint ist damit immer der unmittelbare Kontakt mit dem Kunden. Der unmittelbare Kontakt mit Ihrem Mitarbeiter als Kunde Ihrer Führungsleistung entsteht auch im „face-to-face" und am „Point of organized for themselves": Ort der selbstorganisierten Selbstständigkeit.

In der Konzeption der systemisch-wertschöpfenden Führungskompetenz sind ...
- die zehn Fakten des Kontextes Unternehmen,
- die fünf Bedingungen von Führung,
- die acht Grundeinsichten von Führung,
die Themengebiete, mit denen jede Führungskraft und jeder Mitarbeiter verbunden und interagierend vernetzt ist. Diese systemischen Sichtweisen fließen mit den jeweilig zur Führungssituation gehörenden Teilthemen in die thematische Beeinflussungsinitiative des Mitarbeiters für seine Wertschöpfungskompetenz durch die Führungskraft ein.

Die 14 Führungsaufgaben – wahrgenommen durch die Führungskraft als Fremdführung – sollen die 14 Führungsaufgaben beeinflussen – wahrgenommen durch den Mitarbeiter als seine Selbstführung. Alle Führung ist darauf abgestellt, den Mitarbeiter selbstständig werden zu lassen – vereinbarte oder gewollte Handlungskompetenz durch ihn zu generieren.

Die Wahrnehmung der 14 Führungsaufgaben als Selbst- und Fremdbeeinflussungsmaßnahmen entscheiden unter Führungsgesichtspunkten über Erfolg oder Misserfolg der Handlungskompetenz.

Erst wenn der Mitarbeiter seine ihm zur Verfügung stehenden Ressourcen erkennt und deren Wirksamkeit in der Aufgabenbewältigung akzeptiert, wird er seine Aufgaben selbstständig erledigen. Er ist dann mit hoher Wahrscheinlichkeit selbstmotiviert.

## 14 Führungsaufgaben in der richtigen „Übersetzung"

| Fremdführung | Selbstführung | Eigenführung | Führen mit Coachinghaltung |
|---|---|---|---|
| 1. Auseinandersetzen mit der Zukunft | 1. Mit welchen Zukunftsthemen muss/will/möchte ich mich auseinandersetzen? | 1. Mit welchen Zukunftsthemen muss/wollen/möchten wir uns auseinandersetzen? | 1. Mit welchen Zukunftsthemen müssen/wollen/möchten Sie sich auseinandersetzen? |
| 2. Motivation auslösen | 2. Welche meiner Ressourcen nutze ich bewusst, um mich ins Handeln zu bringen? | 2. Welche unserer Ressourcen nutzen wir bewusst, um uns ins Handeln zu bringen? | 2. Welche Ihrer Ressourcen werden Sie bewusst, um sich ins Handeln zu bringen? |
| 3. Arbeitsabläufe planen | 3. Wie muss ich den Ablauf meiner Arbeitsaufgaben organisieren. | 3. Wie müssen wir den Ablauf unserer Arbeitsaufgaben zeitlich planen? | 3. Wie werden Sie den Ablauf Ihrer Arbeitsaufgaben zeitlich planen? |
| 4. Führen mit Zielen | 4. Welche Ziele verfolge ich bei meinen Aufgabenerledigungen? | 4. Welche Ziele verfolgen wir bei unseren Aufgabenerledigungen? | 4. Welche Ziele verfolgen Sie bei Ihren Aufgabenerledigungen? |
| 5. Entscheiden | 5. Welche Entscheidung muss ich bei welcher meiner Aufgabenerledigungen treffen? | 5. Welche Entscheidung muss von uns bei welcher meiner Aufgabenerledigungen getroffen werden? | 5. Welche Entscheidungen müssen von Ihnen bei welcher Ihrer Aufgabenerledigungen getroffen werden? |
| 6. Delegieren | 6. Mit welcher Priorität müssen meine Aufgaben erledigt werden? | 6. Mit welchen Prioritäten müssen wir unsere Aufgaben erledigen? | 6. Mit welchen Prioritäten müssen Sie Ihre Aufgaben erledigen? |
| 7. Koordinieren | 7. Welche meiner Ressourcen muss ich kombinieren, um gute Arbeitsergebnisse zu bekommen? | 7. Welche unserer Ressourcen müssen wir kombinieren, um gute Arbeitsergebnisse zu bekommen? | 7. Welche Ihrer Ressourcen müssen Sie kombinieren, um gute Arbeitsergebnisse zu bekommen? |
| 8. Organisieren und verbinden | 8. Wie setze ich meine Entscheidungsbefugnis im Zusammenhang mit welcher Aufgabengebiet speichern? | 8. Wie setzen wir unsere Entscheidungsbefugnisse im Zusammenhang mit welchen Aufgaben ein? | 8. Wie setzen Sie Ihre Entscheidungsbefugnisse im Zusammenhang mit welchen Aufgaben ein? |
| 9. Informieren und kommunizieren | 9. Welche Daten muss ich für mein Aufgabengebiet speichern? | 9. Welche Daten müssen wir für unser Aufgabengebiet speichern? | 9. Welche Daten müssen Sie für Ihr Aufgabengebiet speichern? |
| 10. Fördern und entwickeln | 10. Welche Fähigkeiten, Fertigkeiten sowie Fach- und Methodenwissen benötige ich demnächst? | 10. Welche Fähigkeiten, Fertigkeiten sowie Fach- und Methodenwissen benötigen wir demnächst? | 10. Welche Fähigkeiten, Fertigkeiten sowie Fach- und Methodenwissen benötigen Sie demnächst? |
| 11. Mitarbeiterauswahl und -einsatz | 11. Für welche zusätzlichen Aufgaben möchte ich mich bewerben? | 11. Für welche zusätzlichen Aufgaben möchten wir uns bewerben? | 11. Für welche zusätzlichen Aufgaben möchten Sie sich bewerben? |
| 12. Mitarbeiter-Schutz | 12. Wie schütze ich mich vor körperlicher und psychischer Überbelastung? | 12. Wie schützen wir uns vor körperlicher und psychischer Überbelastung? | 12. Wie schützen Sie sich vor körperlicher und psychischer Überbelastung? |
| 13. Selbstentwicklung | 13. Wie und durch was kann ich meine Selbstorganisation optimieren? | 13. Wie und durch was kann uns unsere Selbstorganisation optimiert werden? | 13. Wie und durch was kann Ihre Selbstorganisation optimiert werden? |
| 14. Messen und bewerten | 14. An welchen Merkmalen erkenne ich, dass ich erfolgreich arbeite? | 14. An welchen Merkmalen erkennen wir, dass wir erfolgreich arbeiten? | 14. An welchen Merkmalen erkennen Sie, dass Sie erfolgreich arbeiten? |

## Die fünf Bedingungen der Führung

Die Betrachtung von Gemeinschaften, Organisationen oder Unternehmen zeigt über die Generationen, dass nichts dauerhaft oder ewig ist. Entstehende Kulturen, Hoch-Zeiten von Kulturen und Niedergang von Kulturen sind wie die Jahreszeiten, wie Ebbe und Flut, wie Leben und Tod.

Die Natur mit ihren nicht beherrschbaren Kräften, mit ihrer Nachhaltigkeit an Artenerhalt und Artenentstehung und die Menschen mit ihren differenzierten Fähigkeiten der (bewussten) Einflussnahme auf Situationen und Entwicklungen ermöglichen/erzwingen nicht nur Vielfalt und Differenzierung des Daseins, sondern auch Wettbewerb und Unvorhersehbarkeit.

Führung entsteht, besteht und vergeht unter diesen Bedingungen. Wer dauerhafte Stabilität verlangt, ist zum Scheitern verurteilt. Wer sich gegen Veränderung stellt und stemmt, wird (eher) scheitern. Die Erfolgswahrscheinlichkeit steigt deutlich, wenn Sie sich an die Spitze einer Veränderung/Bewegung stellen, oder die Initiative für Veränderung ergreifen.

Für die Aufrechterhaltung von Stabilität werden Aufpasser und Herrscher gebraucht – für die Veränderung Führungskräfte, die Entwicklung initiieren, moderieren, unterstützen, vorleben – in zwei Worten: ermöglichen und gewährleisten.

Führungserfolg unterliegt und entsteht aus grundsätzlichen Erfahrungen und Wissensbereichen, die zu Bedingungen für Führungskompetenz geworden sind:

1. Das einzig Beständige ist der Wandel.
2. Unternehmen sind konstruktivistische Gebilde.
3. Unternehmen sind Praxisorte.
4. Führung endet beim zufriedenen Kunden.
5. Organisationen sind hierarchisch.

*Reflexionsaufgaben*
1. Welche der fünf Bedingungen der Führung können Sie in Ihrem Unternehmen erleben und woran konkret?
2. Welche der fünf Bedingungen der Führung beachten Sie in der Wahrnehmung Ihrer Führungsverantwortung in Ihrem Führungsbereich – warum und mit welchem Erfolg?
3. Welche der fünf Bedingungen der Führung sollten Sie als Führungskraft in Zukunft stärker beachten oder modifizieren?
4. Welche Richtlinien bestehen und wie gehen Sie damit um?
5. Welche der fünf Bedingungen der Führung repräsentieren offensichtlich das Thema „Agilität"?

## Das einzig Beständige ist der Wandel

Veränderungen und Entwicklungen gehören zu unserem Leben. Wenn Sie sich bis zu Ihrem jetzigen Alter betrachten, werden sie feststellen, dass eine Vielzahl von Ereignissen in Ihrem Leben einen Impuls für Ihre Entwicklung und Veränderung als Person und Persönlichkeit gegeben haben.

Unternehmen und Institutionen wandeln und verändern sich. Manchmal kommt es Ihnen so vor, als seien sie starr und unverrückbar.

Erst die Betrachtung in der Zeitabfolge offenbart den Wandel und die Entwicklung.

Die Anstöße zur Veränderung und Entwicklung stammen aus sehr unterschiedlichen Quellen, die in Ihnen sind, aber auch aus den Situationen stammen, in denen Sie agieren.

Wandel und Entwicklung können Sie initiieren, aber auch ertragen im Sinne von Anpassung.

„Panta rhei – alles fließt" wird als Aussage den Philosophen HERAKLIT und PLATON zugeschrieben – und HERAKLIT ergänzt das Faktum des Veränderns und Wandelns mit der Formulierung, dass man nicht zweimal in den selben Fluss steigen kann. Der Fluss ist nicht mehr derselbe, genau so wenig wie der Mensch, der hineinsteigt.

Weil die Zeit vergeht, bleibt nichts, wie es ist. Wandel und Entwicklung bieten Chancen und Risiken. Wichtig als Erkenntnis: Wandel und Entwicklung können Sie nicht aufhalten – wohl aber beeinflussen und zu Ihrem Vorteil nutzen.

Die Lebenserfahrung lehrt zwei Dinge:

*   Missionare werden erschlagen. Diese martialische Formulierung meint, dass Pioniere einer von ihnen initiierten Entwicklung nicht automatisch zu den Gewinnern zählen.

- Wer sich an die Spitze einer Veränderung stellt, hat gute Überlebenschancen. Diese Formulierung meint, dass Änderungen, die Sie nicht verhindern können, von Ihnen „intelligent" unterstützt werden sollten.

*Reflexionsaufgaben*
1. Welche Veränderungen und Entwicklungen haben Sie erlebt?
2. Wie sind Sie mit ihnen umgegangen?
3. Erleben Sie private und berufliche Veränderungen gleich bedeutsam für sich?
4. In welchem Themenbereich stoßen Sie Änderungen an?

## Unternehmen sind konstruktivistische Gebilde

Ein Sprichwort sagt: Wenn zwei das Gleiche tun, ist es noch nicht dasselbe. Wenn Sie mit einem anderen Menschen auf einem Berghügel stünden, und Sie beide hätten die gleiche Aufgabe: „Beschreiben Sie, was Sie sehen", wird in der Art und Weise, wie der Einzelne die Aufgabe versteht und wie er damit konkret umgeht und zu Ergebnissen kommt, sehr unterschiedlich sein. Eine Information (die Aufgabe) können Sie nur verstehen (erkennen), wenn in Ihrem Erfahrungsschatz zu dem Thema Vorerfahrungen sind (gespeicherte und bewertete Informationen in Ihrem Gehirn). Die Beschreibung Ihrer Wahrnehmung ist Ihnen nur möglich mit den Ihnen eigenen Begabungen, Talenten und Intelligenzen – sowohl körperlich (z.B. Sehkraft) als auch Ihre Bewertungen des Gesehenen (Ihr eigener Bewertungsmaßstab und dem damit in Verbindung stehendem Sprachschatz, der Ihnen für Ihre Äußerung zur Verfügung steht).

Unternehmen, Organisationen oder jedwede Gemeinschaft sind gegründet worden und/oder sollen weiter existieren, weil individuelle, faktische Interessen und ihre individuelle Deutung die „Lebensfähigkeit" ermöglichen – und manchmal aus Sicht der anderen auch behindern.

„Die Welt", die Sie und jeder andere Mensch beobachtet, wird jeder mit seinen ganz individuellen Möglichkeiten erkennen und deuten.

Diese Erkenntnis, der individuellen (begrenzten) Möglichkeiten, beschreibt der Konstruktivismus. Er ist keine Erfindung der Moderne, sondern schon dem Griechen DEMOKRIT wird zugeschrieben, dass wir nicht erkennen könnten, was denn wirklich Wirklichkeit ist. Einigen können Sie sich mit anderen, wenn Sie Fakten definieren – die Bedeutung dieser Definition unterliegt den Anforderungen in der Anwendung durch den Einzelnen in seiner interessengeleiteten Situation.

*Reflexionsaufgaben*
1. An welche Situationen im beruflichen und privaten Bereich erinnern Sie sich, wo es Unterschiede im Erkennen und Bewerten gab?
2. Welche Konsequenzen hatte das für das Miteinander?

## Unternehmen sind Praxisorte

Unser Land verfügt nicht über die Vielfalt und Menge an natürlichen Ressourcen, dass wir als Bürger dieses Landes davon leben könnten. Wir haben uns deshalb schon früh auf den Weg zur Wissensgesellschaft gemacht.

Ausbildung nach Berufsbildern im qualifizierenden Lernsystem (Schule – Unternehmen), Studiengänge in den vielfältigsten Thematiken mit den Abschlüssen als Bachelor, Magister, Diplom befähigen zur Kompetenz. Daneben entwickeln einzelne Branchen eigene qualifizierte Fortbildungen, wie z.b. die Fachwirtausbildung.

Fast die Hälfte eines Schuljahrganges schließt mit der Befähigung zum Studium ab. Die Forderung der Politik nach mehr Studienabgängern wird permanent gestellt. Aus guten Grund – ist aber auch mit erheblichen Gefahren verbunden.

In keinem Studium lernen Sie die konkrete Praxis in ihrer tatsächlich geforderten Wertschöpfung. Studiengänge vermitteln Faktenwissen, Methoden des Verständnisses und Reflexion eines Faches sowie wissenschaftliche Vorgehensweisen zur Weiterentwicklung eines Faches.

So wie die grundsätzliche Beschäftigung mit einem Thema im Sinne von Wissen notwendig ist, ist aber auch der situative Wissenstransfer gemäß den Anforderungen der Arbeitssituation von entscheidender Bedeutung.

Unternehmen sind in der Regel nicht dazu da, wissenschaftliche Theorien oder Modelle zu verifizieren, geschweige denn einzelne Wissenschaftsströme als Identität für sich zu übernehmen. Das Unternehmen braucht „Wissende" als Ausgangspunkt für ihre Handlungskompetenz im praktischen Alltag. Deshalb kommt der Übersetzung des „theoretischen" Wissens in die Praxis eine strategische Bedeutung zu.

*Reflexionsaufgaben*
1. Wer hat Ihnen geholfen, Ihr theoretisches Wissen im praktischen Alltag zu verstehen und anzuwenden?
2. Was hätten Sie sich bei diesem Transfer in Ihre Praxis anders gewünscht?
3. Welche Konsequenzen ziehen Sie als Führungskraft für Ihren Führungsalltag?

## Führung endet beim zufriedenen Kunden

Die Einflussnahme auf Menschen erfolgt aus unterschiedlichen Anlässen und unterschiedlichen Interessen der Beteiligten. Ein Arzt soll Ihnen im Krankheitsfall helfen und nicht Ihrem Nachbarn, obwohl der Nachbar vielleicht von Ihrer Genesung profitieren wird oder könnte. Sie gehen aber nicht zum Arzt, damit ihr Nachbar profitiert.

Als Führungskraft haben Sie die Verantwortung für die Wertschöpfungsfähigkeit jedes einzelnen Mitarbeiters, der Ihrem Führungsbereich zugeordnet ist. Anders als beim Arzt oder vergleichbaren Konstellationen bezieht sich Ihre Einflussnahme auf den einzelnen Mitarbeiter, damit der Mitarbeiter eine der Kundenerwartung entsprechende oder dem Kunden versprochene Leistung erbringt.

Alle Unternehmen und Organisationen haben ihre Daseinsberechtigung „für den Anderen". Der andere ist immer Empfänger Ihrer oder der Leistung Ihrer Mitarbeiter – egal, ob sie als Dienstleistung verstanden wird oder als Ausfluss des Handelns eines Prozessverantwortlichen.

Ihr Mitarbeiter ist Empfänger Ihrer Führungsleistung, die ihn befähigen soll, seinem Kunden eine versprochene oder vereinbarte Qualität zu liefern. Kunden in diesem Sinne sind die Marktkunden, aber auch die internen Kunden als Empfänger der Wertschöpfungskompetenz des Mitarbeiters.

Die Beeinflussungen durch Ihre Führungsaktivitäten müssen Befähigung zur Handlungskompetenz nicht nur auslösen und ermöglichen, sondern gewährleisten. Sie sind im wahrsten Sinne des Wortes „Ihr Geld nicht wert", wenn Sie dieser Anforderung an sich als Führungskraft nicht nachkommen können. Der Erste, der es merkt, ist Ihr Mitarbeiter!

Im Film Casablanca sagt HUMPHREY BOGART zu INGRID BERGMANN „Schau mir in die Augen, Kleines". Schauen Sie in die Augen Ihres Mitarbeiters und Sie haben die Chance, zu erkennen, wie es mit Ihrer Führungsqualifikation aus Sicht Ihres Mitarbeiters aussieht.

*Reflexionsaufgaben*
1. Wie viele unterschiedliche Kommunikationsanlässe haben Sie mit Ihrem Mitarbeiter?
2. Wie gestalten Sie die Kommunikationssituationen mit Ihrem Mitarbeiter, damit er Sie versteht und auch versteht, wie er sich durch diese Kommunikation selbstorganisiert kompetent machen kann?

## Organisationen sind hierarchisch

Es ist sehr verständlich, dass im Zuge Ihrer individuellen Sozialisation in Elternhaus und Schule, Ihrer guten oder sehr guten Ausbildung in Beruf oder Hochschule, Ihr Wunsch oder Ihr Anspruch nach Respektierung durch Ihre Umwelt Ihrer Selbstständigkeit im Denken und Handeln dadurch Genüge getan werden sollte.

Mit der Aufmüpfigkeit und Rebellion der 68iger Generation (der Autor dieser Zeilen ist einer davon) gegen die Autorität von Institutionen aber auch Repräsentanten von Institutionen, schwindet in den vergangenen Jahrzehnten das Vertrauen in formale Autoritäten.

Nun ist es aber so, dass Unternehmen, Organisationen oder Gemeinschaften formale Autoritäten benötigen, als Orientierung für Ihr Handeln, aber auch als Feedback-Systematik für das Handeln.

Jede Gemeinschaft lebt von den konkreten Antworten der Fragen:

* Wer macht was?            = Verteilung von Aufgaben.
* Wer informiert wen?       = Verteilung der Information.
* Wer entscheidet über was? = Verteilung der Macht.

Aus diesen drei Elementen entsteht die Aufbau- und Ablaufstruktur innerhalb einer Gemeinschaft – in Familie, im Verein, in der Kartenrunde und in Unternehmen und Organisationen. Die Begriffe für die drei Grundelemente der Orientierung haben je nach Kontext und Bedeutungszuweisung, aber auch aus Tradition unterschiedliche Namen: Struktur, Organisation, Stellenplan, Hierarchie, Berichtsebene udgl.

Es gibt aber auch ...
* Verantwortungshierarchien und
* Wertehierarchien,
die sich in den Organisationsstrukturen widerspiegeln. Die Wahl der Strukturorganisation ist auch abhängig von der Entwicklungsphase des Unternehmens.

- In der Pionierphase handelt es sich um neugeschaffene und kleine Unternehmen, die in der Regel eigentümerorganisiert sind. Alle Mitarbeiter sind dem Chef als Führungskraft direkt unterstellt. Diese Strukturorganisation wird in der Regel auch als Ein-Linien-Organisation bezeichnet.

- Mit zunehmendem Umsatzwachstum ist in der Regel auch ein zunehmendes Personalwachstum verbunden. Die Anzahl der Mitarbeiter kann eine Person nicht mehr führen: Es entstehen in der Regel thematische Führungsbereiche. Es ist die Phase der Differenzierung.

Die funktionale Linienhierarchie entsteht. Varianten sind: Stab-Linienorganisation, Mehr-Linien-Organisation, divisionale oder Sparten-Organisation, divisionale Organisationsstruktur mit strategischen Geschäftseinheiten.

- Die vielfältigen Formen der funktionalen Linienhierachien führen in der Regel zu Verkrustungen im Arbeitsalltag. Jeder will seinen Claim behalten und verteidigen. Die Überwindung der Verkrustung oder die Linderung der Verkrustung durch die funktionale Linienhierarchie kann in der Einführung der Matrixorganisationen mit ihren vielfältigen Varianten gesehen werden. Dazu gehören Projektorganisation, Teamorganisation. Das Unternehmen befindet sich in der Integrationsphase.

In der Praxis finden Sie die Organisationsprinzipien selten in „Reinkultur". Ein Mix an Möglichkeiten soll ...
- die Variabilität von Marktbearbeitung,
- die Schnelligkeit der Befriedigung der Kundenaufträge und
- die möglichst beste Erstellung der Wertschöpfung
gewährleisten.

Teamarbeit, Projektorganisation und das Denken und Handeln in Prozessen sowie Agilität, sind wesentliche Schlagworte der Praxis für diesen Mix an Anforderungen.

Oft werden im Zuge der Internationalisierung aber auch englische Begriffe benutzt. Entscheidend sind nicht die Begriffe, sondern die Bedeutung der Begriffe für den Alltag des Miteinanders.

*Reflexionsaufgaben*
   Welche Organisationen gibt es in Ihrem Unternehmen? Sind sie hierarchisch?

**Die 14 Führungsaufgaben als ...**

In jeder Situation sind alle 14 Führungsaufgaben aktiv – aber unterschiedlich intensiv – beteiligt. Die vier „inneren" Führungsaufgaben sind sozusagen das „Schwungrad" aller Führungsaufgaben. In der Regel ist eine Führungsaufgabe die Entscheidungsinitiierende. Alle anderen 13 Führungsaufgaben erhalten dann einen „Escort"-Charakter. Wer sich dessen bewusst ist und danach handelt, führt agil.

## Die zehn Fakten des Kontextes „Unternehmung"

Wer ein Unternehmen gründet – wer ein Unternehmen führt – wer ein Unternehmen weiterentwickelt – wird sich nicht nur mit seinen Produkten oder Dienstleistungen und seinen Mitarbeitern und Führungskräften mit Zeiteinsatz und inhaltlicher Hingabe widmen müssen, sondern noch mit weiteren Themen und Sachgebieten auseinandersetzen, die zur Leitung und Führung einer Unternehmung gehören.

Themen, die ganz genereller Natur sind und nicht speziell für ein Unternehmen, eine Unternehmensgröße, eine Branche, eine Region oder eine Nationalität gelten. Auch international gelten die Themen, die je nach Kultur und Gesetzeslage der Nation inhaltlich formuliert sind.

Jedes Unternehmen und damit jeder Führungsbereich im Unternehmen hat mit diesen generellen Themen zu tun, auch wenn nicht immer alles und jedes aus den folgenden Bereichen zur Anwendung kommt.

Situative Führungssituationen bedürfen oft direkter und anwendbarer Kenntnisse aus den Themengebieten, während strukturelle oder strategische Führungssituationen allgemeingültiges Wissen aus den Themengebieten bedürfen.

Die nachfolgende Themenauswahl als Fakten des Kontextes „Unternehmung" ist einerseits aus der Wissenschaft entlehnt, die sich unter verschiedensten Gesichtspunkten mit „Unternehmung" auseinandersetzt – aber auch aus der praktischen Erfahrung von Unternehmensführung.

- Unternehmensabhängiges Fach- und Methodenwissen ist die Grundlage für Ihr thematisches und führungsorientiertes Agieren.
- Juristisches Wissen, weil Führungsarbeit die vielfältigsten Rechte und Pflichten von Mitarbeitern betreffen.
- Die Betriebswirtschaft im engeren Sinne liefert die „harten Themen", an denen Wertschöpfung überwiegend quantitativ erkannt wird.
- Volkswirtschafliches Wissen liefert nationale und internationale Daten der Beschaffenheit ökonomischer Voraussetzungen für den angestrebten unternehmerischen Erfolg im Markt.

- Marketingwissen, weil ohne bewusste „Marktbearbeitung" der Wettstreit mit der Konkurrenz eher nicht gewonnen wird.
- Die Unternehmenswerte gelten für alle Mitarbeiter und Führungskräfte im Verhalten untereinander und für den geschäftlichen Umgang mit Lieferanten, Kunden und Behörden.
- Die personalen Werte geben Orientierung im Umgang mit der einzelnen Person.
- Resilienz als Ausdruck psychischer und physischer Widerstandskraft und Regenerierungspotenzial für die Widrigkeiten des (beruflichen) Lebens.
- Motivationspsychologisches Wissen als Hilfe zum Erkennen und Entwickeln richtiger Schlussfolgerungen für das Führungsverhalten im Kontext „so tickt der Mensch".
- Neurowissenschaftliches Wissen, um die Entstehung von Entscheidungen zu verstehen und eigenes und fremdes Entscheidungsverhalten einordnen zu können.

Wer die Themenausprägungen nicht angemessen verinnerlicht und anwendet, handelt als Führungskraft entweder grob fahrlässig oder ausgesprochen dumm. Die Fakten des Kontextes „Unternehmen" sind sozusagen gesetzt. Sie können sich dagegen nicht wehren, dass sie da sind und dass sie wirken – direkt oder indirekt.

Diese Tatsachen zu bedenken und zukunftsorientiert in Arbeitskontexte zu integrieren, ist Ausdruck von agilem Handeln.

*Reflexionsaufgaben*
1. In welchem der aufgeführten Themen sind Sie durch Ausbildung oder Studium Spezialist?
2. In welchen der aufgeführten Themengebieten haben Sie Fortbildungen besucht?
3. Zu welchen der aufgeführten Themengebiete haben Sie gelesene und griffbereite Literatur?
4. Zu welchen Themengebieten benötigen Sie fachliche Unterstützung?
5. In welchen Situationen führte die bewusste Anwendung von Wissen aus dem oder den Themengebiet/en zum Führungserfolg?

## Grundsätzliche Führungsherausforderungen

Führung ist die Beeinflussung der vereinbarten oder gewollten Wertschöpfungskompetenz des Mitarbeiters. Als Führungskraft erleben Sie Mitarbeiter ...

- einzeln,
- in einer Gruppe,
- in einem Team.

Der Anlass der Führungsbegegnung liegt immer im Rahmen Ihres Sachgebietes, das Sie als Führungskraft mit zugeordneten Mitarbeitern bewältigen sollen. Führung wird oft als isolierte Einzelfallsituation erlebt und gedeutet.

Dabei können die Menge der einzelnen Führungssituationen typischen Mustern zugeordnet werden. Aus der „Adlersicht" betrachtet, ergeben sich wenige, aber typische Muster, die eine Führungskraft gestalten muss. Es sind ...

1. die Wertschöpfungsfähigkeit (Lernen) des Einzelnen, der Gruppe oder des Teams;
2. Konflikte, weil individuelle Deutungen und Wertungen Einvernehmlichkeit erschweren – egal ob im Einzelnen, innerhalb einer Gruppe oder im Team – oder im Kontakt mit Kunden und Lieferanten;
3. Mitarbeiter, ob einzeln, als Gruppe oder Team, die sich anders vermarkten/auftreten/darstellen sollen gegenüber Kollegen, Lieferanten oder Kunden;
4. Mitarbeiter, einzeln, als Gruppe oder Team, die sich neuen Herausforderungen und Veränderungen der Wertschöpfungserstellung stellen sollen;
5. Mitarbeiter, einzeln, als Gruppe oder Team, die Werte entwickeln und leben sollen;
6. Mitarbeiter, einzeln, als Gruppe oder Team, die ihre Identifikation  und Leidenschaft an Arbeitsinhalten und Arbeitsbedingungen entwickeln oder erhalten sollen.
7. Mitarbeiter, die einzeln als Gruppe oder Team, in veränderten Organisationsstrukturen erfolgreich werden sollen.

Diese Situationen sind unter dem Eindruck und Einfluss ...

- der zehn Fakten des Kontextes „Unternehmen" zu sehen;
- der fünf Bedingungen der Führung zu betrachten;
- der acht Grundeinsichten der Führung zu analysieren, die es Ihnen als Führungskraft ermöglichen, den Einzelfall einem Muster zuzuschreiben;
- der 14 Führungsaufgaben zu sehen, die es Ihnen ermöglichen, aus dem Muster (Grundsatz), situativ flexibel zu agieren.

*Reflexionsaufgaben*
1. Versuchen Sie die fünf wichtigsten Führungssituation Ihrer letzten Arbeitswoche einem der sieben Muster zuzuordnen.
2. Welche der zehn Fakten des Kontextes „Unternehmung" haben schwerpunktmäßig mit der einzelnen Führungssituation zu tun?
3. Interpretieren Sie den Einzelfall in seinem Muster unter dem Gesichtspunkt der acht Grundeinsichten der Führung.
4. Überprüfen Sie Ihre Führungslösung des jeweiligen Einzelfalls unter dem Aspekt der wahrgenommenen 14 Führungsaufgaben.

## Das Mind-Set der Führungskompetenz

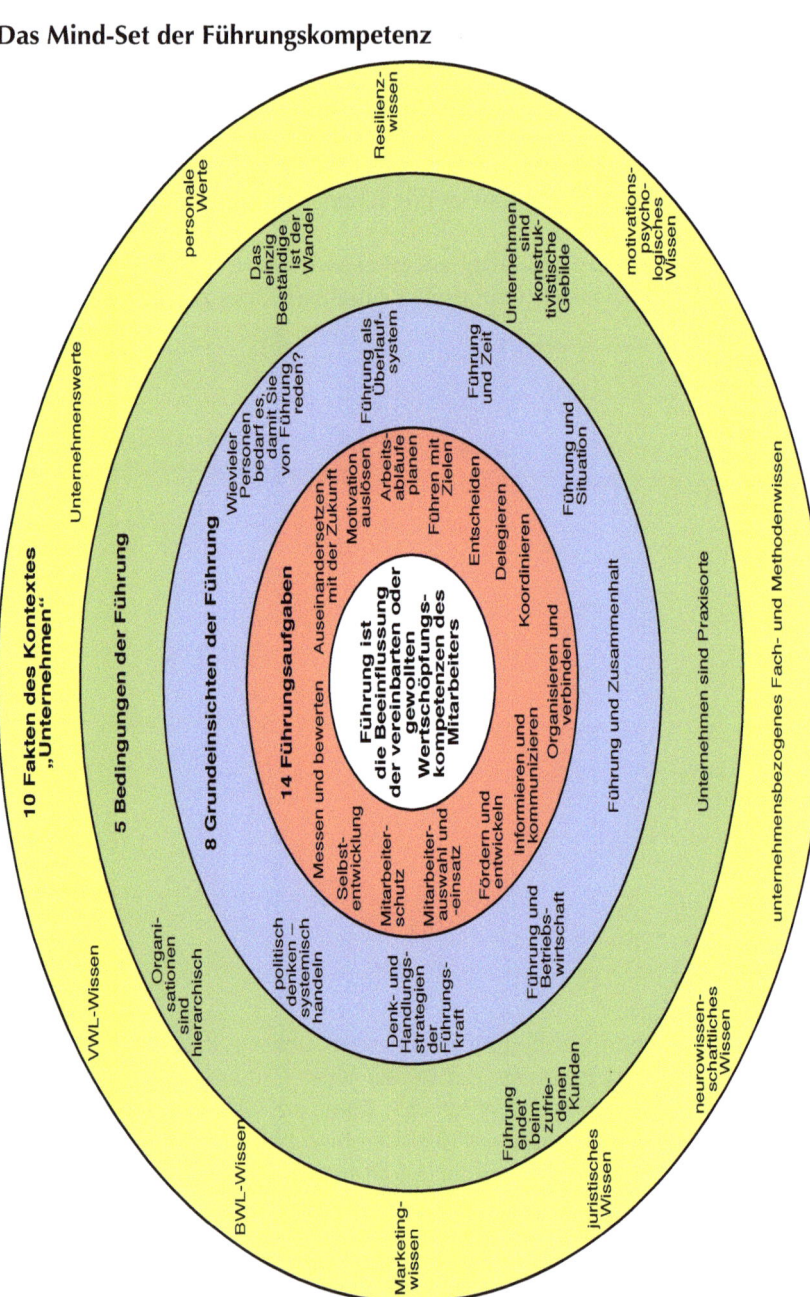

## V. Das agile Mind-Set der Kommunikation

Kommunikation kann in einem ...
*   Einwegkanal
aber auch in einem
*   Zwei- oder Mehrfachkanal erfolgen.
Kommunikation erfolgt immer über unsere ...
*   fünf Sinne: hören, sehen, riechen, schmecken oder tasten.

Die fünf Sinne sind ...
*   Eingangs- wie Ausgangskanal bei den Beteiligten der Kommunikation.

Kommunikation vollzieht sich in der ...
*   face-to-face-Situation wie in
*   virtuellen Welten.

Wer informiert (Einweg) oder kommuniziert (Mehrweg), löst Lernen aus und beabsichtigt mit dem Lernen damit immer ...
*   einen Zweck, wie z.B. Verständnis, Einsicht oder Gefolgschaft.

Von PAUL WATZLAWIK haben wir gelernt, dass ...
*   keiner nicht Nicht-Kommunizieren kann.
*   Kommunikation erfolgt immer: bewusst wie unbewusst.

Diese Grundsätze gehen auf die Individualität der Situation nicht ein!

### Die Individualität des Themas

Die Individualität des Themas besteht in der Individualität der Kommunikationspartner: es sind Menschen. Menschen sind komplexe und in ihrem Agieren nicht beherrschbare Systeme, wie die „Maschinen". Gleichwohl sollen/sollten und müssen Menschen miteinander „auskommen".

Das „nicht Nicht-Kommunizieren" entsteht immer im Gehirn oder den Gehirnen der beteiligten Menschen. Im Gehirn werden alle ein- und ausgehenden Reize registriert, gedeutet und bewertet. Das Gehirn als sich selbst regulierendes und selbsterhaltendes System (Autopoiesis) entscheidet über Aktion und Reaktion in der Kommunikation mit Anderen.

Jedem Handeln – aber auch jedem Nicht-Handeln – liegt eine Entscheidung zugrunde. Entscheidungen sind das Ergebnis und der Ausdruck koordinierter Ressourcen, auf die das Gehirn zugreift.

Wer – zumindest nach dem jetzigen Erkenntnisstand – das Gehirn in seiner Arbeitsweise versteht, wird bessere Voraussetzungen für gelingende Kommunikation haben.

**Kommunikation ist Ausdruck**

Für das Thema Agilität sind hier zwei „Hirnbetrachtungen" von besonderer Bedeutung.

- Entscheidungsfindung aus neurowissenschaftlicher Sicht
- Bedeutung des Konstruktivismus

# Entscheidungsfindung aus neurowissenschaftlicher Sicht

## Kernaussagen für die Praxis der Kommunikation

- Entscheidungsbildung ist ein komplexer Vorgang. Dazu gehören Persönlichkeit und Charakter des Menschen, Erfahrungen und Vorwissen und vor allem auch: Emotionen.
- Menschliches Handeln unterliegt einer emotionalen Kontrolle, die im Zweifel alle rationalen Einsichten überstimmen kann.
- Das Gehirn als Sitz unserer Persönlichkeit, unseres Bewusstseins, des „Ich", steuert all unsere Handlungen, verarbeitet und speichert Informationen, bewertet diese Informationen auf der Grundlage früherer Erfahrungen, Charaktereigenschaften, moralischer und sozialer Vorgaben sowie Emotionen.
- Entscheidungen werden auf der Grundlage von Informationen und deren Bewertung getroffen.
- Alle Informationen, die das Gehirn über sich und seine Umwelt erfährt, erhält es über die fünf Sinne.
- Alle Informationen werden gefiltert und unter den Potenzialen des individuellen Gehirns gedeutet.
- Mehrere Gehirne erkennen und erklären die Welt nicht gleich.
- Nur drei bis fünf Fakten können gleichzeitig bewusst im Arbeitsspeicher wahrgenommen werden.
- Intuitive Entscheidungen basieren auf einem großen Fundus an Fakten und Bewertungen im Langzeitgedächtnis.
- Das emotionale „OK" für eine Entscheidung entsteht nur, wenn man mit sich, seinen Überzeugungen und Gefühlen im Reinen ist.

## Die Bedeutung des Konstruktivismus

### Kernaussagen für die Praxis

- Wenn das, was wir normalerweise als „Wahrnehmung'"der Wirklichkeit bezeichnen, also eher als Konstruktion dieser Wirklichkeit angesehen werden muss, dann heißt das, dass auch Lernen, das mit Wahrnehmen ja verwandt ist, als eine Konstruktion von Wirklichkeit begriffen werden muss. Wenn wir lernen, entwerfen wir Wirklichkeit.
- Im Mittelpunkt steht die subjektive und soziale Konstruktion von Wirklichkeiten – ohne Anspruch auf objektive absolute Wahrheiten. Die Konstruktion von Wirklichkeit erfolgt durch die eigendynamische Erzeugung von Wissen und Werten, aber auch durch Emotionen und Handlungen. Eine vorrangige Zweckmäßigkeit des Erkennens ist Viabilität, d.h. ein lebensdienliches Wahrnehmen und Bewerten.
- Unsere Wirklichkeiten sind individuelle Prozesse.
- Lernen – gemeinsam mit anderen – ermöglicht so die Modifizierung und Begründung der eigenen Wirklichkeit durch die Kommunikation mit Teilnehmern, Lehrenden, Beratenden.
- Zielgruppenorientierung berücksichtigt das Bildungsniveau und die Lernvoraussetzung, die Lernstile, die Interessen und die Lernziele der Teilnehmer, auch das Alter, Geschlecht, die Berufstätigkeit und die Milieuzugehörigkeit.
- Konstruieren Sie den Inhalt des Lernens aus den Erfahrungen der Lernenden!
- Menschen lernen durch den Ausbau, die Differenzierung und Veränderung ihrer Erfahrungen. Lernen muss dafür selbst zum „Erfahren" werden, um wirksam und nachhaltig an den vorhandenen Mustern der Weltaneignung und Welterzeugung ansetzen zu können. Dieses Erfahren kann ermöglicht, nicht erzeugt werden, denn keiner kann wirklich stellvertretend für einen anderen etwas erfahren.

## Aus der Hirnforschung und den Erkenntnissen des Konstruktivismus lassen sich folgende fünf Grundsätze für die Praxis der Kommunikation ableiten

- Lustvolle Beeinflussung erleichtert Veränderungen.
  *Bedeutet:* Der Ton macht die Musik.
- Jede Beeinflussung mit Folgen gelingt immer nur individuell und damit einmalig.
  *Bedeutet:* Beachte den Einzelnen in seiner konstruierten Wirklichkeitswelt.
- Beeinflussung muss erfahrbar und erlernbar sein.
  *Bedeutet:* Gehe systematisch und planvoll vor.
- Beeinflusser und Beeinflusster bilden eine Lern- und Transfergemeinschaft.
  *Bedeutet:* Nur wenn beide Hirne sich verstehen, kann Neues entstehen.
- Die Wichtigkeit der Emotion ist bedeutsamer als der Fakt.
  *Bedeutet:* Lieber gegen die Einsicht verstoßen als die Emotion missachten.

Wenn Sie diese Regeln, Bedeutungen und Hinweise beachten, werden Sie automatisch zu einem gern gesehenen Kommunikator. Sie werden im hohen Maße als sozial verträglich angesehen. Ein Mensch, dessen Nähe gesucht wird.

Genau genommen müssen Sie als Führungskraft Ihr Hirn und damit Ihr Verhalten auf die Selbstführung Ihres Gegenübers vorbereiten. Sie benötigen eine Vorgehensweise zur Annäherung an das Hirn Ihres Partners.

Die folgende Grafik zeigt Ihnen diese Vorgehensweise auf.

**Also: Bitte beachten.**

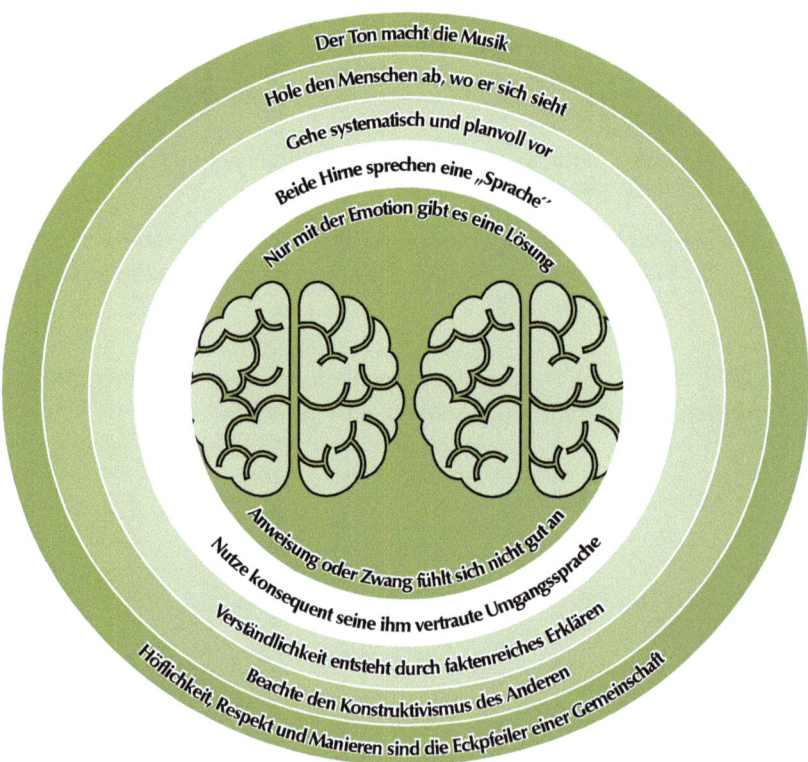

© Dr. Rolf Meier, 2017

## Die Wirkungsabsicht der Kommunikation – Verführung

Verführung ist das Gegenteil von Vergewaltigung. Vergewaltigung ist Zwang ausüben – ob körperlich oder gedanklich. Verführung ist gewalt- und zwangsfreie Beeinflussung. Verführung ist eine generelle Beeinflussungsstrategie. Zwang hat immer die Interessen dessen im Blick, der Zwang ausübt. Verführung hat die Interessen des Verführten im Blick.

Im Verkauf sprechen wir vom Kundennutzen. Im Marketing von der Bedürfnisbefriedigung des Marktteilnehmers. Jeder Berufsstand hat seine eigenen Wortschöpfungen für Verführung.

* Verführen ist die Kunst, einen anderen Menschen auf freiwilliger Basis zum Handeln zu bewegen.
* Verführen ist keine Manipulation, weder zum Nachteil noch zum Vorteil – egal ob für den Verführer oder den Verführten – noch für einen Dritten.
* Verführen ermöglicht die Dinge mit anderen Sinnen wahrzunehmen.
* Verführen entfacht eine lustorientierte Bereitschaft, Neues zu wagen, was man insgeheim schon immer machen wollte.
* Verführen gebiert Selbstvertrauen in eigene und fremde Fähigkeiten und Fertigkeiten.
* Verführen überwindet Ängste und Befürchtungen des möglichen Scheiterns.
* Verführer strahlen die Gewissheit des Gelingens aus.
* Verführte vertrauen dem Verführer.
* Verführte empfinden keine Reue.
* Verführte finden Verführer sympathisch.
* Verführte erleben eigenes Können in der Situation.


Agile Führungskräfte sind Verführer –
aber auch Selbst- und Eigenführung soll verführen.

## Die gute Erziehung als Basis der Verführung

Der Volksmund zum Ersten:
„Was du nicht willst, dass man dir tu, das füg auch keinem andern zu".
Dieser Satz gilt seit alters her als Grundsatz der praktischen Ethik.

Der Volksmund zum Zweiten:
„Gleich und gleich gesellt sich gern".
Dieser Satz meint eine durchdachte Gewichtung von verschiedenen Merkmalen, die für eine Beziehung wichtig sind.

Wenn Sie diese beiden Aussagen als Grundsatz und Orientierung für Ihr Handeln als Verführer/Beeinflusser wählen, liegen Sie im wahrsten Sinne des Wortes richtig.

• Wollen Sie, dass man Ihnen über „den Mund fährt"?
• Wollen Sie, dass Ihre Meinung bei anderen Menschen nichts gilt?
• Wollen Sie, dass man Sie herabschätzend und beleidigend behandelt?
• Wollen Sie, dass man Sie „links" liegen lässt?

Ich könnte noch eine Reihe von „Wollen Sie, dass ..." formulieren. Sie merken, es geht darum, nicht nur die eigene Befindlichkeit zum Maß der Dinge zu machen, sondern dem anderen, dem Gegenüber, dem Partner die gleichen Rechte zuzubilligen wie sich selbst.

Sympathie und Antipathie entstehen sofort nach dem ersten Kontakt mit einem Menschen.

Ihr Aussehen, Ihre Körperhaltung, Ihre Stimme ... alle Sinneseindrücke des anderen werden verglichen mit den Erfahrungen vergleichbarer Personen in der Vergangenheit. Da Sie die Deutung Ihrer Person durch den anderen nicht steuern können, können Sie Ihren dringend benötigten Sympathiewert als Verführer nur durch die konsequente Anwendung von Volksmund zum Ersten und zum Zweiten erreichen.

**Anwendungserklärung 1 zum**

# MIWK-Modell
**Motiv-Intelligenz-Wert-Kontext**

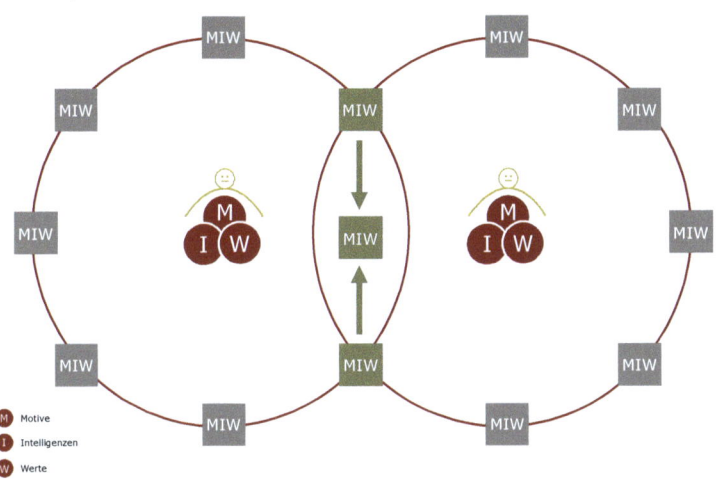

M Motive
I Intelligenzen
W Werte
MIW Motiv, Intelligenz, Wert

Kooperation basiert auf gemeinsam gedeuteten Motiven, Intelligenzen und Werten in einem Kontext.

© 2018, Dr. Rolf Meier

**Anwendungserklärung 2 zum**

# MIWK-Modell
**Motiv-Intelligenz-Wert-Kontext**

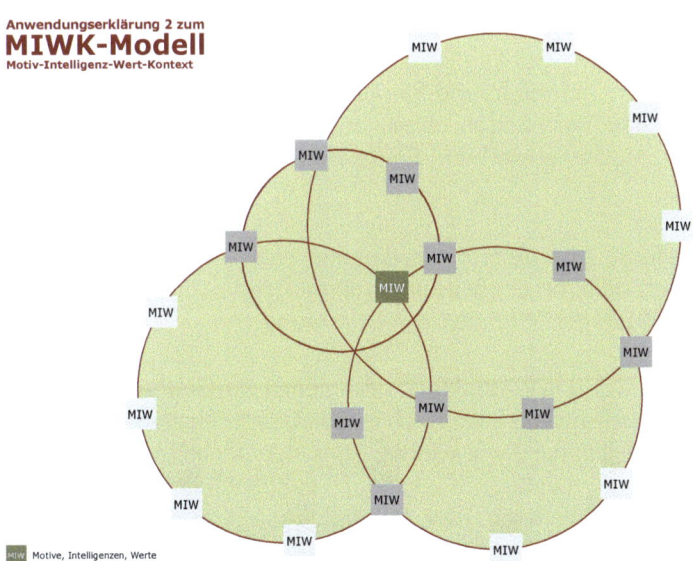

MIW Motive, Intelligenzen, Werte

Kooperation basiert auf gemeinsam gedeuteten Motiven, Intelligenzen und Werten in einem Kontext.

© 2018, Dr. Rolf Meier

## Verführung löst Motivation aus

Als Motiv wird in der Regel ein unspezifischer Beweggrund bezeichnet. Als Bedürfnis wird in aller Regel ein spezifischer Beweggrund bezeichnet: Ist jemand sehr neugierig und wissensdurstig, dann ist es das Motiv Erkenntnis. Es ist das Streben nach Verstehen von Zusammenhängen und Hintergründen.

Leider wissen Sie nun nicht, was konkret das Streben nach Erkenntnis ist. Erst wenn es konkret wird, entsteht aus dem Motiv ein Bedürfnis. Z.B. das Bedürfnis zu wissen, wie Speiseeis hergestellt wird. Ein anderer Mensch mit dem Motiv Erkenntnis will vielleicht konkret wissen, wie Honig entsteht usw.

Motivation ist die Energiemenge, die in einem Motiv grundsätzlich steckt. Falls Sie ein Erkenntnismotiv mit viel Energie haben, werden Sie wissen, dass Sie so gut wie beständig Wissensdurst haben.

Motiv ist also ein Beweggrund. Motivierte Menschen bewegen sich bzw. setzen sich in Bewegung. Motivation auslösen bedeutet für Sie, dem Partner Angebote zu machen, die für ihn interessant sind.

Keiner von uns – ich nicht und Sie auch nicht – kann in einem direkten Verfahren, quasi mechanisch, einen anderen Menschen motivieren. Sie können nur Angebote machen, die möglicherweise sein Interesse befriedigen.

„Tu ich's oder tu ich's nicht?" – ist die alles entscheidende Frage, die sich jeder Mensch stellt, ob er etwas unternimmt oder nicht. Dabei sind für jeden Menschen folgende Fragen von Bedeutung.

- Zielbewertung – Attraktivität des neuen Zustandes?
- Anspruchsniveau – kann ich es überhaupt schaffen?
- Bedürfnisstärke – wie wichtig ist es eigentlich für mich?
- Erfolgsgeschwindigkeit – kann ich es schnell und zügig erreichen?
- Wahrscheinlichkeit der Zielerreichung – welche Stolpersteine gibt es?

Sie können nur Bewegung (Motivation) durch attraktive Reize auslösen.

## Das Typische jeder Situation

Immer wenn zwei Menschen oder ein Mensch mit mehreren Menschen zusammentreffen, ergeben sich folgende Ausgangssituationen:
* Ungewolltes Zusammentreffen
  Beide oder alle Parteien rechnen nicht mit dem Zusammentreffen. Sie sind unvorbereitet und müssen sich erst einmal „sortieren". Die Parteien sind unvorbereitet in dieser Situation – sie müssen sich erst „sortieren", wie sie mit der Situation umgehen wollen.
* Gewolltes Zusammentreffen – aber einseitig
  Einer ergreift die Initiative zum Treffen mit einer Person oder mit einem Personenkreis. Der Initiator ist im Vorteil, weil er zumindest eine Idee oder aber eine Vorstellung von den Folgen des Treffens hat, warum er den Kontakt sucht.
* Gewolltes Zusammentreffen – beidseitig
  Die Parteien haben sich im Vorwege zu diesem Treffen vereinbart, jeder konnte sich mental auf das Thema, die Situation und die Beteiligten einstimmen. Jeder konnte sich im Vorwege Gedanken machen, welche idealen Ergebnisse eintreten sollten.

Was folgt daraus für Verführer, die Beeinflussung vornehmen?

* Falle nicht mit der Tür ins Haus. Menschen – ihr Hirn – beschäftigen sich immer mit ihrer akuten Situation. Kommt ein anderer Mensch – Gehirn – dazu, muss sich jeder Mensch – sein Gehirn – erst darauf einstellen.
* Ihre Interessen sind nicht jedermanns Interessen. Was für Sie hochwichtig, spannend und notwendig ist, wird vom Gegenüber nicht zwangsläufig so gesehen oder bewertet.
* Bevor ein Orchester zu spielen beginnt, werden die Instrumente gestimmt. Es sind die Fakten der Situation, die erst zwischen den Parteien geklärt werden müssen. Ein Dirigent kann ein Orchester nur dirigieren, wenn ein gemeinsam vereinbartes Stück aufgeführt werden soll.

**Fazit:** Der Verführer prüft im Vorwege, ob die Rahmenbedingungen für eine Verführung existieren oder angemessen vorliegen.

## Aufgabe – Anforderung – Fähigkeit

Ihre Beeinflussungen als Verführer haben ja die Absicht, dass die Verführung in ein anderes oder neues Verhalten oder Können des Verführten münden. Im Mittelpunkt der Verführung steht der emotionale Vorteil für den Verführten, wenn er sich verführen lässt. Verführer reden nicht über die Anstrengungen der anstehenden Veränderung, sondern über Lust und Freude, die die Veränderung mit sich bringt.

- *Die Aufgabe* – Bevor Sie Ihre Verführung initiieren, sollten Sie sich im Klaren sein, in welchem Zusammenhang Ihre Verführung steht. Nennen Sie es Anlass, Ursache oder tatsächliche Situation: Die situative Handlung (Aufgaben- oder Tätigkeitsbewältigung) sollte sich ändern. Identifizieren Sie klar die Ist-Aufgabe, und bestimmen Sie deutlich die Soll-Aufgabe.
- *Die Anforderung* – Jedes Handeln in der Situation orientiert sich an Anforderungen von Fähigkeiten, Fertigkeiten, Wissen und Erfahrungen. Legen Sie im Vorwege für sich fest, welche Anforderungen die Beeinflussung (Verführung) an die zukünftige Aufgaben- oder Situationsbewältigung durch den zu Verführenden stellt.
- *Die Fähigkeit* – Die eigentlich entscheidende Frage bei der Verführung lautet: Kann der Verführte aus eigener Kraft die Verlockungen der Verführung bewältigen?

Prüfen Sie im Vorwege, ob Ihr Verführungspartner schon über genügend Fähigkeiten und Fertigkeiten (Kompetenzen) verfügt – oder ob eventuell innerhalb der Beeinflussung eine Schulung, Unterweisung oder Neubewertung vorhandener Ressourcen notwendig ist.

Die Klarheit über Aufgabe, Anforderung und Fähigkeit – sowohl für den Verführer als auch den zu Verführenden – ist die zentrale Bedingung des Gelingens. Nur das Vertrauen in das eigene Können (Resilienz) wird den Verführten veranlassen, sich aus sich selbst heraus zu bewegen.

Verführung stellt die Freiwilligkeit des Verführten, sich verändern zu wollen, in die Mittelpunkt. Selbstständiges Handeln ist immer Ausdruck von Freiwilligkeit.

## Aufnahme von Wissen ohne Überforderung

Was haben eigentlich kleine Kinder und Gehirne gemeinsam? Sie fremdeln. Wenn Sie auf ein Kleinkind zugehen – selbst wenn Sie sehr freundlich sind – wird es in der Regel nicht gleich zutraulich sein. Das Kind kennt Sie nicht und kann nicht einschätzen, ob Sie dem Kind wohlgesonnen sind oder nicht.

Gehirne fremdeln – auch die Gehirne von Erwachsenen – weil sie Unbekanntes nicht einordnen können. Das Gehirn fragt sich dauernd: „Habe ich etwas davon – oder: Was habe ich denn davon?"

Verführer wissen um das Fremdeln und haben deshalb eine praktische Vorgehensweise entwickelt, die das Fremdeln reduziert und die Bereitschaft erhöht, sich mit Neuem auseinanderzusetzen.

Beeinflussungen funktionieren dann gut, wenn Sie folgende Prinzipien beachten:
- Vom Bekannten zum Unbekannten
  Strukturieren Sie Ihre Beeinflussung so, dass Sie den zu Verführenden vom Bekannten zum Unbekannten begleiten.
- Vom Einfachen zum Schwierigen
  Da jede Beeinflussung Angebote hat, planen Sie den Angebotsablauf so, dass die Angebote lernbar sind. Der Maßstab ist hier die Aufnahmekapazität des zu Verführenden – nicht Ihre!
- Vom Konkreten zum Abstrakten
  Lernen erfolgt immer durch alle Sinne. Sinne sind konkret, weil Sinne riechen, tasten, schmecken, sehen und hören können. Praktisches Beispiel: Bevor Sie den Wald kennen, müssen Sie die Sinneserfahrung mit dem Baum gemacht haben.
- Vom Allgemeinen zum Speziellen
  Wenn Sie gelernt haben, was ein Wald ist, werden Sie im Wald Bäume suchen und keine Eisenstangen.

Vom Bekannten zum ... und vom Einfachen zum ... ist zwingend einzuhalten, wenn Sie verführen – Akzeptanz auslösen – wollen.

Vom Konkreten zu ... und vom Allgemeinen zum ... ist etwas für Lehrer, Ausbilder, Trainer ...

## Mit System zum Können

Verführer wollen zu einer lustvollen Zukunft verführen. Diese Zukunft muss aber durch den Verführten beherrscht werden. Es geht um die Selbstsicherheit, die im Verführten entstehen muss – ja vorhanden sein muss – will der Verführte aus dieser Selbstsicherheit dann im Selbstvertrauen handeln.

- *Faktisch richtiges Wissen*
  Kein Hausbau beginnt mit dem Dach oder den Grünanlagen auf dem Grundstück, sondern mit dem Fundament. Das Fundament als sicherer Halt für die Standfestigkeit. Wer englisch sprechen will und den Unterschied von Spirit und Ghost nicht kennt, steht auf wackligen Füßen.
- *Situationsabhängiges Anwenden von Wissen*
  Die Frage lautet also: „In welchen Situationen oder bei welchen Anlässen wird Spirit bzw. Ghost als Begriff genutzt?"
- *Reflexion systemischen Agierens*
  Jeder Mensch ist eingebettet in vielen Situationen und mit den damit einhergehenden Abhängigkeiten, Zufälligkeiten, Zwängen, Freiheitsgraden und und und ... Die Begriffe Spirit und Ghost sind nicht nur eindeutig definierbar, sie unterliegen auch den situationsabhängigen Deutungen durch die Menschen. Systemisch agieren bedeutet, sein eigenes Verhalten im möglichen Echo der Umwelt zu betrachten. Verführer bedenken die möglichen Echos.
- *Verführer sind nicht ständige Begleiter der Verführten*
  Verführte wollen eigen- und selbstständig in zukünftigen Situationen lustvoll handeln. Aber welche Situationen sind es – oder werden es sein? Es gilt das einmal gelernte, lustvolle Können auf vergleichbare Situationen in der Zukunft zu übertragen, hinüberzuretten. Wenn es gelingt, das situative Können als Grundsatz auf zukünftig vorstellbare Situationen zu transferieren, wird Verführung vollständig erfolgreich sein. Dann sind Sie ein nachhaltiger Verführer.

Verführer beherrschen Veränderung durch die Systematik der Kompetenzentwicklung beim zu Verführenden.

## Was alles ist Wissen?

Wenn zwei oder mehrerer Hirne sich treffen, ist immer die Frage, auf was das jeweilige Hirn bei dem anderen Hirn trifft. Jedes Gehirn hat sich im Laufe seines Daseins mit seinen situationsabhängigen Erfahrungen ganz individuell gefüllt, weil jedes Hirn die Informationen, die es erhält, ganz individuell erkennt, lagert, sortiert und deutet.

Wenn Hirne etwas Gemeinsames unternehmen wollen, müssen sie sich mit den Inhalten ihrer Hirne austauschen. Miteinander kooperieren ist nichts anderes als die Suche nach ...
- denselben Hirninhalten,
- den gleichen Hirninhalten,
- den vergleichbaren Hirninhalten,
- den gemeinsamen Bewertungen von Hirninhalten.

Im Laufe Ihrer Sozialisierung werden Sie mit allerhand Wissen gefüllt: in der häuslichen Erziehung, im Kindergarten, im Spiel mit anderen Kindern, in der Schule, in der Ausbildung usw. ... Dabei lernen Sie, dass es Wissen gibt im Sinne ...
- von falsch oder richtig. Wenn Sie Onkel Hans mit Onkel Michael anredeten, wurden Sie mit Sicherheit von Ihrer Umwelt korrigiert. Faktenwissen im Sinne von faktisch richtigem Wissen ist auch notwendig, damit es keine zwei Meinungen zu einem Tatbestand gibt.
- Erfahrungswissen entsteht durch Erlebnisse mit Onkel Hans.
- Deutungswissen entsteht aus der Fragestellung, warum ist Onkel Hans so, wie er ist.

Der Volksmund sagt: Wenn zwei das Gleiche tun, dann ist es lange nicht dasselbe – oder Gleiches – oder Vergleichbares – oder ... ?

**Zur Rezeptur der Ordnung in der kommunikativen Begegnung**

Alles, was Sie bisher auf den vorangegangenen Seiten gelesen und reflektiert haben, kann bei Ihnen den Eindruck einer gewissen Komplexität des Themas auslösen. Vielleicht haben Sie aber auch den Eindruck, dass das Thema ziemlich kompliziert ist. Möglicherweise fragen Sie sich auch: „Kann ich es eigentlich beherrschen?" Ja, Sie können, weil alle Ressourcen (Fähigkeiten und Fertigkeiten) in Ihnen vorhanden sind. Es gilt diese nur richtig für die praktische Anwendung zu sortieren. Die nachfolgende Grafik listet alle Merkmale in einem sinnvollen Zusammenhang auf, die Sie bei Ihrer erfolgreichen Hirnverführung beachten müssen. Sie wissen ja: Wenn Sie die Rezeptvorgaben beachten, gelingt auch der Kuchen.

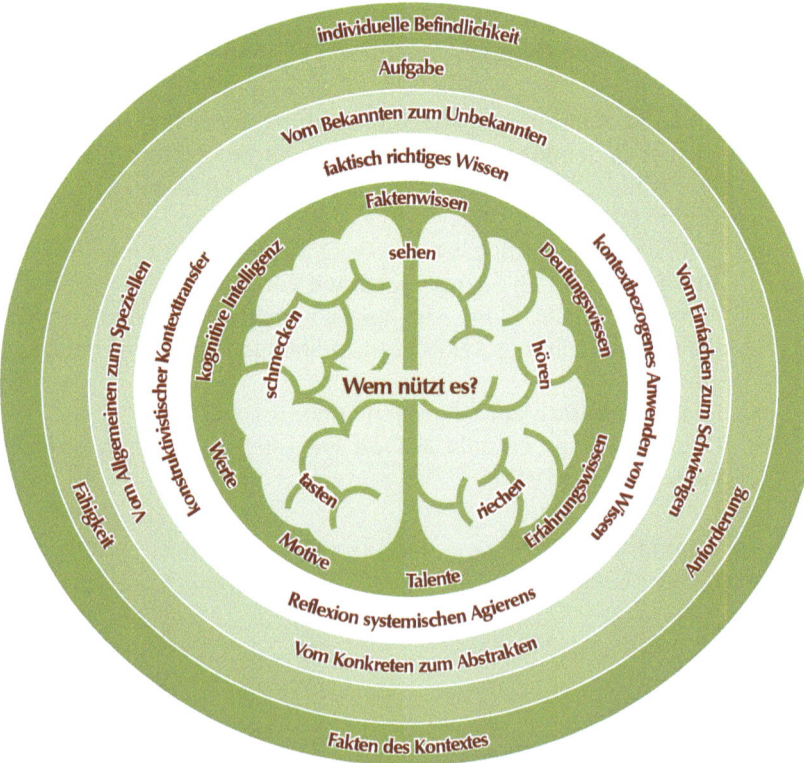

**Stimmt die Mischung - dann klappt es auch mit der Hirnverführung**
© Dr. Rolf Meier, 2017

## Praxisübung – Ihr aktuelles Thema ...

Die Situation: Sie stehen vor einer Begegnung mit einem Menschen. In der Begegnung geht es darum, dass Sie Ihr Gegenüber von einem Thema/ Sachverhalt/Notwendigkeit überzeugen wollen oder müssen. Sie wollen also jemanden „thematisch verführen".

Frage: „Wie bereiten Sie sich konkret unter Verwendung der *Merkmale erfolgreicher Hirnverführung* auf diese thematische Verführung vor?"

Frage: „Wie können Sie an der Art und Weise *Ihrer thematischen Verführung* erkennen, welche Merkmale Ihrer Hirnverführung gewirkt oder Chaos im Hirn ausgelöst haben?"

Frage: „Wie wollen Sie vorgehen, wenn Sie mit Ihrer *thematischen Verführung* Chaos und Irritation im Hirn ausgelöst haben?"

Die Merkmale erfolgreicher Hirnverführung sind ...
- individuelle Befindlichkeit – Fakten des Kontextes
- Aufgabe – Anforderung – Fähigkeit
- vom Bekannten zum Unbekannten – vom Einfachen zum Schwierigen – vom Konkreten zum Abstrakten – vom Allgemeinen zum Speziellen
- faktisch richtiges Wissen – kontextbezogenes Anwenden von Wissen – Reflexion systemischen Agierens – konstruktivistischer Kontexttransfer
- Faktenwissen – Deutungswissen – Erfahrungswissen – Talente – Motive – Werte – kognitive Intelligenz
- sehen – hören – riechen – tasten – schmecken
- Wem nutzt es – Vorteile, Nutzen, psychobiologisches Wohlbefinden?

## Praxisübung – Echo

Die Situation: Beeinflussung ist nie einseitig, Verführung ist nie einseitig. Es gibt immer eine Reaktion dessen, der beeinflusst oder verführt wird. Egal was es ist: Kommunikation ist nie einseitig, sondern immer mit Echo.

Frage: „Wie bereiten Sie sich konkret, unter Verwendung der *Merkmale erfolgreicher Hirnverführung*, auf ein oder mehrere Echos vor?"

Frage: „Wie können Sie an der Art und Weise des Echos erkennen, welche Merkmale Ihrer Hirnverführung gewirkt oder *Chaos* im Hirn ausgelöst haben?"

Frage: „Wie wollen Sie vorgehen, wenn Sie mit Ihrer *Verführung* Chaos und Irritation im Hirn ausgelöst haben?"

- Individuelle Befindlichkeit – Fakten des Kontextes
- Aufgabe – Anforderung – Fähigkeit
- Vom Bekannten zum Unbekannten – vom Einfachen zum Schwierigen – vom Konkreten zum Abstrakten – vom Allgemeinen zum Speziellen
- Faktisch richtiges Wissen – kontextbezogenes Anwenden von Wissen – Reflexion systemischen Agierens – konstruktivistischer Kontexttransfer
- Faktenwissen – Deutungswissen – Erfahrungswissen – Talente – Motive – Werte – kognitive Intelligenz
- Sehen – hören – riechen – tasten – schmecken
- Wem nutzt es – Vorteile, Nutzen, psychobiologisches Wohlbefinde)?

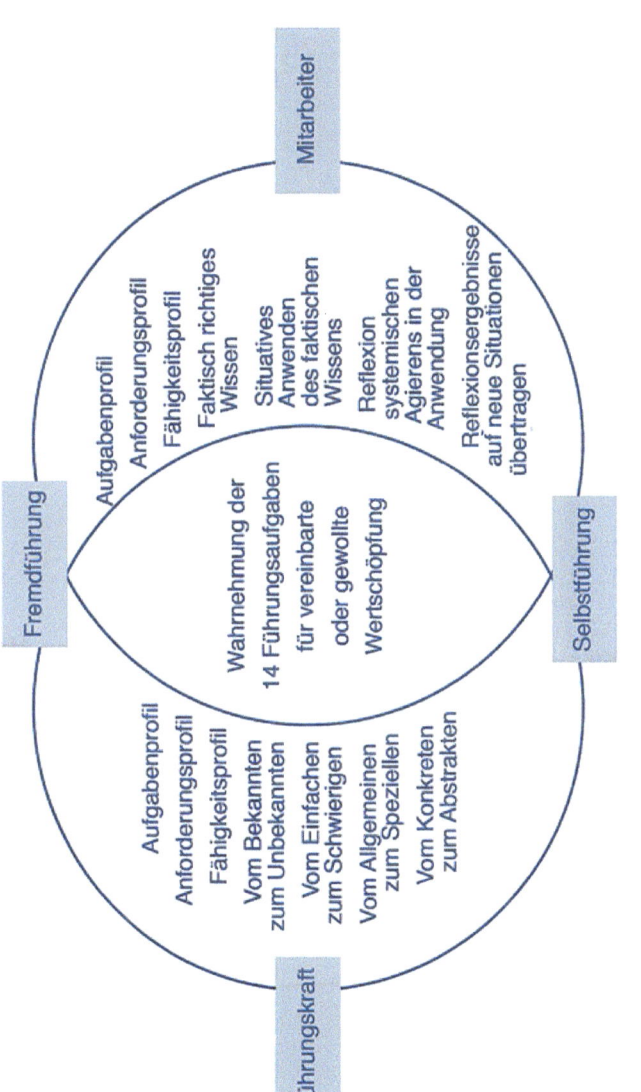

Fremdführung trifft Selbstführung, Wertschöpfung generieren im beeinflussendem Kontakt, aus dem Buch „Wirksame Menschenführung", Seite 138

© 2014, Dr. Rolf Meier

## VI. Empowerment

### Das formale Empowerment der Organisation

Aus der Organisationsentwicklung ist ein methodisches Vorgehen bekannt, dass Veränderungen eher erfolgreich ermöglicht. Organisationsentwicklung realisiert die Agilität einer Gesamtheit von Menschen in Strukturen. Veränderungen als Anlass – aber auch Veränderung als permanente Haltung.

Organisationsentwicklung kann sich auf ...

- das ganze Unternehmen (Innenbetrachtung),
- das ganze Unternehmen (Innen- und Außenbetrachtung),
- einen Fach-Bereich,
- eine Fach-Abteilung

beziehen.

Folgende Vorgehensweise sollte strikt in der Abfolge eingehalten werden:

- *Gefühl der Dringlichkeit*
  Unter den Führungskräften als auch unter den Mitarbeitern wird ein Bewusstsein für die Notwendigkeit erzeugt, Veränderungen anzupacken.
- *Führungskoalition*
  Ein Team aus richtungsweisenden Personen für Ihre Idee gewinnen und unter der Flagge der Veränderung zusammenbringen. Einen guten Mix von Mitarbeitern aus verschiedenen Abteilungen und mit verschiedenen Kompetenzen zusammenstellen.
- *Vision und Strategie*
  Entwicklung eines kraftvollen Zukunftsbildes für die angestrebte Veränderung. Mit der Führungskoalition konkrete Ziele aus der Vision ableiten und Strategien für die Zielerreichung gemeinsam verabschieden
- *Kommunikation*
  Einen Kommunikationsplan aufstellen, mit dessen Hilfe die Vermittlung der Vision, die Ziele und die Strategien in die Beleg-

schaft gesteuert wird. Die Wirksamkeit der umgesetzten Kommunikationsmaßnahmen wird regelmäßig überprüft.

- *Befähigung*
Die vorhandenen Kompetenzen der Führungskräfte und Mitarbeiter werden überprüft und entsprechend den durch die geplante Veränderung bedingten neuen Anforderungen weiterentwickelt. Dazu bietet die Personalentwicklung Maßnahmen und Programme zur Qualifizierung an.
- *Schnelle Erfolge*
Für den Anfang werden neben den strategischen Zielen auch schnell erreichbare, weniger aufwands- und kostenintensive Zwischenziele festgelegt. Mitarbeiter, die diese Ziele erreichen, werden belohnt.
- *Konsolidierung*
Nach jedem erreichten Ziel wird überprüft, was gut gelaufen ist und was hätte besser laufen können. Neue Ideen und Ziele werden diskutiert und umgesetzt. Mitarbeiter, die den Wandel aktiv unterstützen, werden in die Führungsriege aufgenommen.
- *Verankerung*
Strukturen, Abläufe und Routinen im Unternehmen, die den Wandel bremsen werden, analysiert und angepasst.

Agilität und agiles Handeln, ist in der Regel mit bewusst genutzten Verfahren verbunden. Insofern können sich Organisationen ständig Verfahren aneignen oder selbst kreieren, die sie befähigen, die Merkmale von Agiltät zum eigenen Nutzen und Vorteil kompetent einzusetzen.

## Mitarbeiter-Empowerment

Empowerment in diesem Verständnis steht für die Kompetenzentwicklung von Einzelpersonen, Gruppen und Teams.

Empowerment soll ...
* Selbstwirksamkeit ermöglichen,
* zur Selbstverantwortung anleiten und befähigen verbunden mit den Attributen,
* anpassungsfähig,
* pro-aktiv,
* flexibel zu sein und
* durch Antizipation zukünftige Handlungen für den Kunden wertschöpfend gestalten zu können.

Diese sechs werteorientierten Merkmale sind Fundament eines agilen Mind-Set von Führungskompetenz.

Das Empowerment von Mitarbeitern und Führungskräften gelingt nur, wenn die Menschen ...
* ihre dafür existierenden Ressourcen und deren Wirkung kennen und
* Rahmenbedingen durch das Unternehmen geschaffen sind, die Selbstwirksamkeit und Selbsverantwortung ermöglichen.

Dies sind die Grundlagen und Voraussetzungen für die sinnhafte Selbstorganisation von Mitabeitern und Führungskräften in einem definierten Kontext.

Agiles Handeln kann sich sowohl in Innovationen als auch in Optimierungen zeigen – in Produkten und Dienstleistungen und in der mannigfaltigen Prozessgestaltung.

## Kreativität und Empowerment

Nichts verdeutlicht Zukunftsorientierung mehr als Kreativität. Neues zu erfinden, Bestehendes zu verbessern und Vorhandenes zu optimieren ist Ausdruck und Folge von kreativer Befähigung.

Manche Menschen sind von „natur aus" kreativ – leider aber nicht alle.

Insbesondere in Gruppen herrscht ein unterschiedliche Pegel an Kreativitätsbereitschaft als auch an Kreativitätsvermögen. Diese unterschiedlich aufzugreifen und auszugleichen, dafür sind besonders Kreativitätsmethoden geeignet.

Die folgenden vier Methoden sind in der Praxis bewährt und fördern den sozialen Zusammenhalt in einer Gruppe oder Team. Darüber hinaus signalisieren die Ergebnisse dieser Kreativsitzung, dass die Gruppe oder das Team sehr wohl in der Lage ist, Lösungen für zukünftige Entwicklungen bereitzustellen. (Identität und Zukunftshoffnung).

1. **Brainstorming** (Text aus Wikipedia entnommen)
   Brainstorming ist eine von LEX F. OSBORNE 1939 entwickelte und von CHARLES HUTCHISON CLARK modifizierte Methode zur Ideenfindung, die die Erzeugung von neuen, ungewöhnlichen Ideen in einer Gruppe von Menschen fördern soll. Er benannte sie nach der Idee dieser Methode, nämlich „using the brain to storm a problem" (wörtlich: „Das Gehirn verwenden zum Sturm auf ein Problem").

   *Technik und Einsatzgebiet*
   Anwendung findet dieses Verfahren bevorzugt im gesamten Bereich der Werbung. Es wird aber mit mehr oder weniger Erfolg auch bei sämtlichen Problemen eingesetzt, zum Beispiel bei der Produktentwicklung oder beim Konstruieren neuer technischer Geräte. Die Ergebnisse eines Brainstormings können in weiteren Arbeitsschritten verwendet werden, es kann aber auch das (ergebnislose) Brainstorming allein als kreative Lockerungsübung eingesetzt werden. Das ursprüngliche Verfahren sieht zwei Schritte vor:

*Vorbereitung*
Es wird eine Gruppe aus beliebig vielen Personen zusammengestellt. Je nach Problemstellung kann sie aus Experten/Mitarbeitern, Laien oder Experten anderer Fachgebiete bestehen. Die Gruppenleitung bereitet Anschauungsmaterial vor und führt die Gruppe in das Problem ein, das dabei analysiert und präzisiert wird. Dabei sollte die Frage- bzw. Aufgabenstellung weder zu breit und allgemein gehalten sein („Wie können wir die Welt retten?") noch zu kleinteilig bzw. spezifisch („Welches Klebeverfahren um Bauteil A an B zu befestigen?"). Den Gruppenmitgliedern wird im Vorfeld der Ablauf des Brainstormings mitgeteilt, ob es sich um ein moderiertes oder nichtmoderiertes Brainstorming handelt. Ein Protokollant kann ernannt werden. Vier grundsätzliche Regeln gelten beim Brainstorming:

• Kombinieren und Aufgreifen von bereits geäußerten Ideen
• Kommentare, Korrekturen, Kritik sind verboten.
• Viele Ideen in kürzester Zeit (Zeitrahmen ca. 5–30 Minuten)
• Freies Assoziieren und Phantasieren ist erlaubt.


*Phase 1 – Ideen finden*
Nun nennen die Teilnehmer spontan Ideen zur Lösungsfindung, wobei sie sich im optimalen Fall gegenseitig inspirieren und untereinander Gesichtspunkte in neue Lösungsansätze und Ideen einfließen lassen. Die Ideen werden protokolliert. Alle Teilnehmenden sollen ohne jede Einschränkung Ideen produzieren und mit anderen Ideen kombinieren. Die Gruppe sollte in eine möglichst produktive und erfindungsreiche Stimmung versetzt werden. In dieser Phase gelten folgende Grundregeln:

Keine Kritik an anderen Beiträgen, Ideen, Lösungsvorschlägen (kreative Ansätze können sich auch aus zunächst völlig unsinnigen Vorschlägen entwickeln).

• Keine Wertung oder Beurteilung der Ideen.
• Jeder soll seine Gedanken frei äußern können.
• Keine Totschlagargumente.

Je kühner und phantasievoller, desto besser. Dadurch wird das Lösungsfeld vergrößert.

*Phase 2 – Ergebnisse sortieren und bewerten*
Nun werden sämtliche Ideen (von der Gruppenleitung) vorgelesen und von den Teilnehmern bewertet und sortiert. Hierbei geht es zunächst nur um bloße thematische Zugehörigkeit und das Aussortieren von problemfernen Ideen. Die Bewertung und Auswertung kann in derselben Diskussion durch dieselben Teilnehmer erfolgen oder von anderen Fachleuten getrennt vorgenommen werden.

2. **Brainwriting – Die Methode 635** (Text aus Wikipedia entnommen)

Methode 635 ist unter den Kreativitätstechniken eine Brainwriting-Technik, die ein Problemlösungsverfahren zur Erzeugung von neuen, ungewöhnlichen Ideen in einer Gruppe von Menschen fördert. Sie wurde 1968 von dem Marketing- und Unternehmensberater BERND ROHRBACH entwickelt.

Bei Anwendung der Methode 635 erhalten sechs Teilnehmer ein jeweils gleich großes Blatt Papier. Dieses wird mit drei Spalten und sechs Zeilen in 18 Kästchen aufgeteilt. Jeder Teilnehmer wird aufgefordert, in der ersten Zeile zu einer gegebenen Fragestellung drei Ideen (je Spalte eine) zu formulieren. Jedes Blatt wird nach angemessener Zeit – je nach Schwierigkeitsgrad der Problemstellung etwa drei bis fünf Minuten – von allen gleichzeitig, im Uhrzeigersinn weitergereicht. Der Nächste soll versuchen, die bereits genannten Ideen aufzugreifen, zu ergänzen und weiterzuentwickeln.

Die Bezeichnung der Methode ergab sich aus den optimal sechs Gruppenmitgliedern, die je drei erste Ideen produzieren und danach fünfmal jeweils drei erste beziehungsweise daraus abgeleitete Ideen weiterentwickeln (sechs Teilnehmer, je drei Ideen, fünfmal weiterreichen). Oft wird die „5" im Titel der Methode mit den maximal fünf Minuten der Bearbeitung assoziiert, was so aber im ursprünglichen Artikel des Autors nicht nachzulesen ist.

Mit dieser Methode können üblicherweise innerhalb von 30 Minuten maximal 108 Ideen entstehen:

sechs Teilnehmer × drei Ideen × sechs Durchläufe.

*Regeln des Brainwriting*
Beim Brainwriting wird wie beim Brainstorming darauf geachtet, dass alle Faktoren, die die Produktion neuer Ideen hemmen, minimiert sind und im Gegenteil alle den Kombinationsprozess fördernden Faktoren garantiert sind. Teilnehmer sollen ohne jede Einschränkung Ideen produzieren und/oder mit anderen Ideen kombinieren. Im Idealfall inspirieren sich die Teilnehmer während des Schreibprozesses oder der Diskussion gegenseitig mit ihren Ideen, die sie dann weiterentwickeln können.

Man unterteilt das Brainwriting in zwei Phasen:
Die erste Phase dient dem Entwickeln von Ideen und der Schaffung von Assoziationen. In dieser Phase ist eine Bewertung fremder wie eigener Ideen verboten, weil dies zu einer inneren Zensur bei den Teilnehmern führen und das Finden neuer Ideen erschweren würde.

In der zweiten Phase werden die Ergebnisse dann einer ausführlichen Kritik unterzogen und die besten Ideen herausgezogen.

3. **Morphologischer Kasten** (Text aus Wikipedia entnommen)

Der morphologische Kasten ist eine systematisch heuristische Kreativitätstechnik nach dem Schweizer Astrophysiker FRITZ ZWICKY (1898–1974). Die mehrdimensionale Matrix bildet das Kernstück der morphologischen Analyse.

*Vorgehensweise*
Für eine Fragestellung werden die bestimmenden Merkmale (auch Attribute, Faktoren, Parameter, Dimensionen genannt) festgelegt und untereinander geschrieben. Hierbei ist darauf zu achten, dass die Merkmale unabhängig voneinander sind und dass sie im Hinblick auf die Aufgabenstellung auch umsetzbar (operationalisierbar) sind.

Dann werden alle möglichen Ausprägungen des jeweiligen Merkmals rechts daneben geschrieben. So entsteht eine Matrix, in der jede Kombination von Ausprägungen aller Merkmale eine theoretisch mögliche Lösung ist.

Danach wird aus jeder Zeile eine Ausprägung des Merkmals gewählt, wodurch eine Kombination von Ausprägungen entsteht.

Dies kann auf zwei Arten erfolgen:

*Systematisch:* z.b. durch Anwendung der Multifaktorenmethode, dabei wird die Anzahl der Merkmale und Ausprägungen beschränkt.

*Intuitiv:* Der Bearbeitende betrachtet die Matrix und wählt aus jeder Zeile eine Ausprägung. Der daraus entstehende Linienzug wird dann ganzheitlich als alternative Lösung betrachtet.

Dieser Auswahlprozess wird mehrmals durchgeführt. Mit den entstandenen Kombinationen von Ausprägungen werden Ideen entwickelt.

Liegen z. B. drei Merkmale vor, so kann man sich die drei Merkmale als die Achsen eines Kastens – also einer dreidimensionalen Matrix – denken. Auf jeder Achse denkt man sich weiter die jeweiligen Ausprägungen des Merkmals. Eine Kombination von drei Ausprägungen liefert dann einen Punkt innerhalb des Kastens.

Dies lässt sich von drei auf beliebig viele (n) Merkmale verallgemeinern, wodurch man n-dimensionale Kästen erhält. Allerdings erscheint es sinnvoll, nur fünf bis zehn Merkmale und Ausprägungen zu wählen, da die vielen Lösungsmöglichkeiten sonst praktisch nicht mehr handhabbar sind.

## Die WALT-DISNEY-Methode

Die WALT-DISNEY-Methode dient primär der kreativen Lösung von Aufgaben..

## Methode

Die WALT-DISNEY-Methode ist ein kreativer Kreislauf. Die Teilnehmer schlüpfen dabei nacheinander in drei verschiedene Rollen.

1. Der Träumer   –   Visionär, Ideenlieferant
2. Der Realisierer   –   Realist, Macher
3. Der Kritiker   –   Qualitäts-Manager, Fragensteller

### Das Walt Disney-Modell

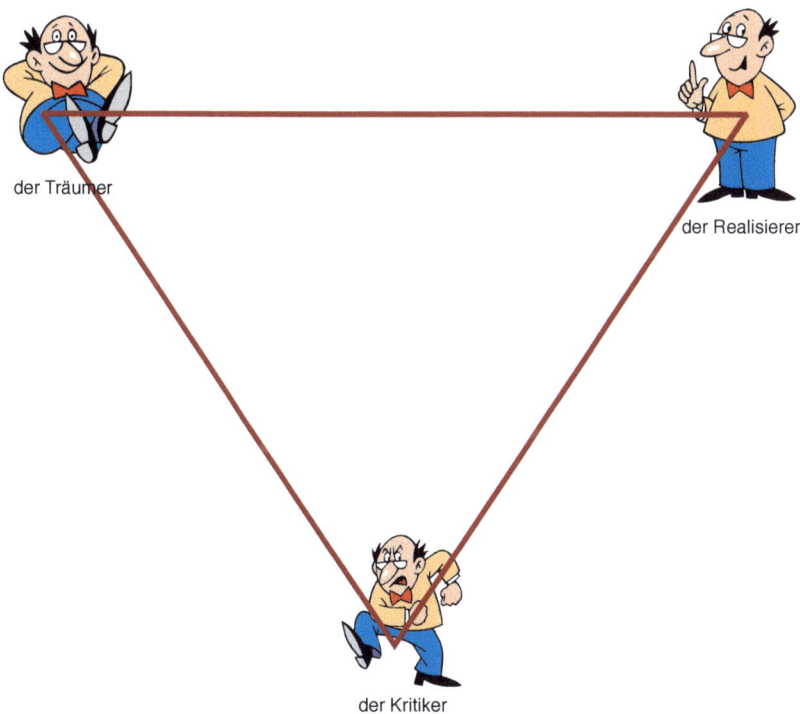

der Träumer

der Realisierer

der Kritiker

Dies wiederholt sich so lange bis ein akzeptables Ergebnis vorliegt. Ein akzeptables Ergebnis eines kreativen Prozesses liegt genau dann vor, wenn es von einer Gruppe sachkompetenter und kritischer Menschen als originell oder einmalig, funktionell, adäquat und formal-ästhetisch oder schön beurteilt wird. In der WALT-DISNEY-MethodE bedeutet dies konkret, dass der „Kritiker" keine relevanten Fragen mehr stellen kann.

Die Verwendung der Rollen kommt dem Bedürfnis nach Rollensicherheit entgegen und sorgt dafür, dass alle Rollen in einem positiven Licht gesehen werden. Dies ermöglicht eine wertschätzende, produktive Atmosphäre.

### 1. Der Träumer – Visionär, Ideenlieferant

Durch den Träumer können wir unsere rechte Gehirnhälfte nutzen. Der Träumer denkt in Bildern. Er malt Visionen und Ziele bildlich aus. Er lässt das Chaos zu, denkt zukunftsorientiert und lässt sich nicht durch Regeln einschränken. Verrückte, völlig unlogische und ungewöhnliche Einfälle und Verbindungen sind nicht nur erlaubt, sondern erwünscht. Sie sind die wesentliche Grundlage der kreativen Ideenfindung. Einschränkungen sind in dieser Phase nicht erlaubt. Er ist offen für die Visionen der anderen (zuhören nicht vergessen) und spinnt sie, im doppelten Sinne, weiter.

- Was wünsche ich mir?
- Was wäre möglich (best case scenario)?
- Was will ich, was ist das Ziel oder wie lautet die Vision. Wichtig! Es muss positiv formuliert sein. Also was willst Du und nicht was Du nicht willst.
- Was ist die Absicht? Warum will ich das?
- Welchen Nutzen werde ich daraus ziehen? Was wird der Nutzen sein?
- Bis wann genau soll das Ziel erreicht sein?
- Wie wird es sich anfühlen, wenn ich das Ziel erreicht habe, was werde ich sehen und hören?
- Wie werden andere erkennen, dass ich das Ziel erreicht habe?

## 2. Der Realisierer – Realist, Macher

Der Realisierer konzentriert sich auf das konkrete und gegenwärtige praktische Tun. Er stellt sich möglichst lebensnah die Umsetzung der Ideen des Träumers vor und stellt sich Fragen wie

- Wie kann ich das umsetzen?
- Was muss ich tun oder sagen?
- Was benötige ich dazu (Menschen, Wissen, Fähigkeiten, Material)?
- Wie fühle ich mich dabei?
- Was ist bereits vorhanden?
- Wann wird das Ziel vollkommen erreicht sein?
- Welche Zwischenziele und Meilensteine benötige ich?
- Welche Fähigkeiten besitze ich bereits und welch muss ich mir noch aneignen?
- Welche Personen werden damit zu tun haben?
- Welches wird der erste Schritt sein, welches der zweite, welches der dritte usw.
- Wie kann ich überprüfen, dass ich auf dem richtigen Weg bin?
- Wie werde ich erkennen wann das Ziel erreicht ist?
- Stell dir vor, dass der Traum wirklich realisierbar wäre – die Frage ist nur wie?

Der Realisierer hat also die Aufgabe, die Ideen des Träumers erst „auszuprobieren", bevor sie vom Kritiker geprüft werden. Dadurch wird verhindert, dass Ideen ausgeschlossen werden, bevor ihr eigentliches Potenzial zu erkennen ist.

## 3. Der Kritiker – der Ver-„besserer" – der Optimierer

Die Aufgabe des Kritikers ist es, konstruktive Fragen zu stellen. Die Basis ist die Analyse der Umsetzung des Realisierers. Er stellt sich selbst Fragen (innerer Dialog) wie

- Was könnte verbessert werden?
- Was sind die Chancen und Risiken?
- Was wurde übersehen?
- Wie denke ich über den Vorschlag?

- Von wem ist die Idee oder das Ziel abhängig?
- Wen alles wird sie betreffen?
- Welches sind die Bedürfnisse dieser Betroffenen?
- Warum könnte jemand etwas dagegen haben oder etwas dagegen einwenden??
- Welche Vorteile sind bereits vorhanden?
- Was müsste es bringen, dass alle Beteiligten einverstanden sind?
- Wann und wo würden Sie diesen Plan nicht ausführen wollen?
- Was fehlt am Plan?
- Auf was muss besonders geachtet werden?

und formuliert aus den Ergebnissen die Fragen, die er an den Träumer weitergibt.

## Praktische Anwendung

Die WALT-DISNEY-Methode sollte mit Moderator durchgeführt werden. Er sorgt dafür, dass die einzelnen Personen ihre jeweilige Rolle, Träumer, Realisierer oder Kritiker, nicht verlassen. Bei einem eingespielten und darin erfahrenen Team ist ein Moderator folglich nicht zwingend nötig (Selbstorganisation).

## Orte bestimmen und vorbereiten

Angeblich hatte WALT DISNEY drei Stühle in seinem Büro. Einen für den Träumer, einen für den Realisierer und einen für den Kritiker.

Es ist sehr wichtig, dass diese drei Orte geschaffen werden. Es ist nicht immer leicht, – und anfangs sehr ungewohnt – völlig in die verschiedenen Rollen zu schlüpfen. Ein Ortswechsel erleichtert dies ungemein. Idealerweise werden die Orte so ausgewählt oder gestaltet, dass sie zur Rolle passen.

Beim Träumer dürfen wohlriechende Blumen, grüne Pflanzen stehen und schöne bunte Bilder hängen. Der Realisierer kann ruhig sein Arbeitsgerät um sich haben. Der Kritikerplatz sollte dagegen eher schlicht und aufgeräumt sein. Statt Bilder können Diagramme und Zahlenreihen als „Dekoration" dienen.

Sind die Orte festgelegt, werden sie mit passenden Gefühlen, Bildern und Vorstellungen imprägniert. Und zwar so: Die Gruppe geht die drei Orte einmal durch, ohne auf das eigentliche Thema einzugehen.

- Beim Träumerplatz macht sich jeder der Teilnehmer ein Bild von einer Situation, an der er einmal richtig gute Ideen oder Visionen hatte.
- Beim Realisiererplatz stellt sich jeder eine Situation vor, in der ihm eine besonders praktische Umsetzung einer Idee gelungen ist.
- Beim Kritikerplatz kann er sich eine Situation vorstellen, in der er etwas sehr gut analysiert hat oder in der er in der Lage war, sehr konstruktive Fragen zu stellen.

Zwischen den Ortswechseln sollte eine kurze Pause gemacht werden (ein so genannter „Separator" zum eindeutigen Trennen von Zuständen). Sie sollte möglichst an einem vierten Ort durchgeführt werden, um die „Imprägnierung" der drei Orte nicht zu zerstören. Die Prozedur kann bei Bedarf wiederholt werden. Die Vorgehensweise mag anfangs gewöhnungsbedürftig sein. Jeder sollte trotzdem versuchen sich einfach und ungezwungen darauf einzulassen. Die Ergebnisse werden überzeugen, aber dazu müssen erst welche vorliegen ...

**Der kreative Kreislauf**

Nun folgt der eigentliche kreative Prozess. Die Gruppe begibt sich zum Träumerort. Visualisert sich noch einmal die Bilder aus dem ersten Durchgang. Das zuvor als Differenz zwischen Ist- und Sollzustand formulierte Problem wird nun den Träumern übergeben. Wurde genug gesponnen und geträumt, folgt eine kurze Pause. Die Gruppe wechselt zum Realisiererraum. Kurz wieder an die Situation aus dem ersten Durchgang denken. Dann werden die Ideen des Träumers „ausprobiert". Sind alle Ideen durch? Dann folgt wieder eine Pause. Die Gruppe wechselt nun zum Kritikerplatz. Situation aus dem ersten Durchgang in Erinnerung rufen und dann die Vorschläge des Realisierers analysieren und konkrete Fragen formulieren. Die Fragen werden möglichst positiv formuliert. Also nicht „Wie stellen Sie sich eine derart kostenintensive Umsetzung vor?", sondern „Gibt es eine Möglichkeit die Umsetzungskosten zu senken?". Diese Fragen werden dann wieder dem Träumer übergeben.

Es ist relativ leicht zu erkennen, wenn kein neuer Durchlauf mehr not-wendig ist. Entweder es sind keine wirklich relevanten Fragen mehr offen, oder es ist absehbar, dass ein weiterer Umlauf keine weitere Optimierung des Ergebnisses mehr verspricht.

**Fazit:** Ein hochwirkungsvoller und dabei sehr einfacher Prozess, der obendrein den jeweiligen Bedürfnissen entsprechend leicht ange-passt werden kann.

## Empowerment durch Formalien

Führungs- oder Personalarbeit zeichnet sich auch durch …
- allgemeinverbindliche Vorgaben,
- allgemeine Hilfen,
- Rituale und
- Coachhaltung aus.

### Allgemeinverbindliche Vorgaben

Verpflichten Sie die strategischen Führungskräfte des Unternehmens ihre tägliche Führungsarbeit auf der Basis der 14 Führungsaufgaben und immer unter Beachtung der fünf Bedingungen der Führung und den acht Grundeinsichten der Führung zu bewerkstelligen.

Verpflichten Sie die operativen Führungskräfte des Unternehmens in ihrer Führungsarbeit, die 14 Führungsaufgaben anzuwenden unter der Beachtung der Vision des Unternehmens, den Werten des Unternehmens und seiner strategischen Ausrichtung.

Verpflichten Sie den einzelnen Mitarbeiter im Bereich seiner Selbstführung sich an den 14 Führungsaufgaben zu orientieren.

Verpflichten Sie Gruppen und /oder Teams im Bereich ihrer Eigenführung sich an den 14 Führungsaufgaben zu orientieren.

### Allgemeine Hilfen

- Erstellen Sie für jede Position im Unternehmen ein Aufgaben- und Anforderungsprofil.
- Erstellen Sie für jede Gruppe oder Team ein Aufgaben- und Anforderungsprofil.
- Entwickeln Sie mit Ihrem Team, Ihrer Gruppe oder Ihrem Bereich ein Leitbild. Das Leitbild gibt Orientierung für Verhalten.
- Erstellen Sie einen Katalog der max. fünf im Unternehmen bevorzugten und zur Verwendung heranzuziehenden Diagnosewerkzeuge zur Willensbildung/Entscheidungsfindung.

**Dazu könnten zählen ...**

- die KEPNER-TROEGE-Methode,
- SWOT-Analyse,
- Somatische Marker,
- Mind-Mapping,
- Key Performance Indicator (KPI).

**Rituale**

- Führen Sie Zielvereinbarungsgespräche mit Einzelpersonen und Gruppen, die die vier Merkmale Anpassungsfähigkeit, Flexibilität, Pro-Aktiv und Antizipation angemessen berücksichtigen.
- Führen Sie Jahres-, Entwicklungs- oder Milesstonegespräche auf der Basis der Berücksichtigung der 14 Führungsaufgaben.
- Führen Sie mit ihren direkt zugeordneten Mitarbeitern einmal im Jahr ein Strategieworkshop durch, entweder auf der Basis ...
  - der sieben Marketingmerkmale oder
  - der SWOT-Analyse.

**Die drei Formen der Führung:**

- Selbstführung
- Eigenführung
- Fremdführung

beruhen auf den 14 Führungsaufgaben, wenn es gilt, fachlich-methodische Lösungen im Arbeitsalltag zu finden. Jedes konkret bobachtbare Verhalten, jede erlebbare Kommunikation ist Ausdruck einer Entscheidung. Entscheidungen, insbesondere wenn eine Person oder Personengruppe sich damit fachlich und emotional identifizieren soll, werden durch Führungskräfte mit der zentralen Intervention des Reflexionsangebots besser ermöglicht.

Das Zauberwort für Führungskräfte, die Mitarbeiter „empowern" wollen, lautet: Führung mit Coachhaltung.

## Coachhaltung

Coaching geht davon aus, dass die Lösung im Coachee liegt. Coaching unterstellt, dass Menschen zu vernunftbegabten Lösungen befähigt sind. Coaching arbeitet mit einer der zentralen Interventionsform – der des Reflexionsangebots, dass keine Lösung, keine Lösungsrichtung, keinen direkten oder indirekten Lösungshinweis anbietet. Dieses Reflexionsangebot auf Absraktionsebene ist der ideale Ausgangspunkt für das Empowermemt von Einzelpersonen und Gruppen/Teams.

Mitarbeiter, Führungskräfte und Gruppen lernen ihre Selbstorganisation, indem Sie die Prozessmethodik kennen und selbst angemessen bei sich anwenden können.

Der einzelnen Person und der Gruppe, dem Team stehen drei Prozesse zur Selbstorganisation zur Verfügung ...
- der generelle Coachingprozess,
- der Teamcoachingprozess,
- der Umsetzungsprozess.

Näheres finden Sie unter ...
www.hamburgerschule.com und
www.management-coachausbildung.de

## Kapazität für Empowerment

Bilden Sie eine angemessene Zahl von Mitarbeitern als Coach aus. Grundlage sollte das Coachingverständnis der Selbstorganisation sein. Die Ausbildung zum „Systemisch-konstruktivistischem Einzel- und Teamcoach im Management (SKETM)" gewährleistet diese Kompetenz.

## Der generelle Coachingprozess

Dieser Prozess unterstützt Menschen, die sich nicht sicher sind, was in der Zukunft für sie von Bedeutung ist (Veränderungscoaching).

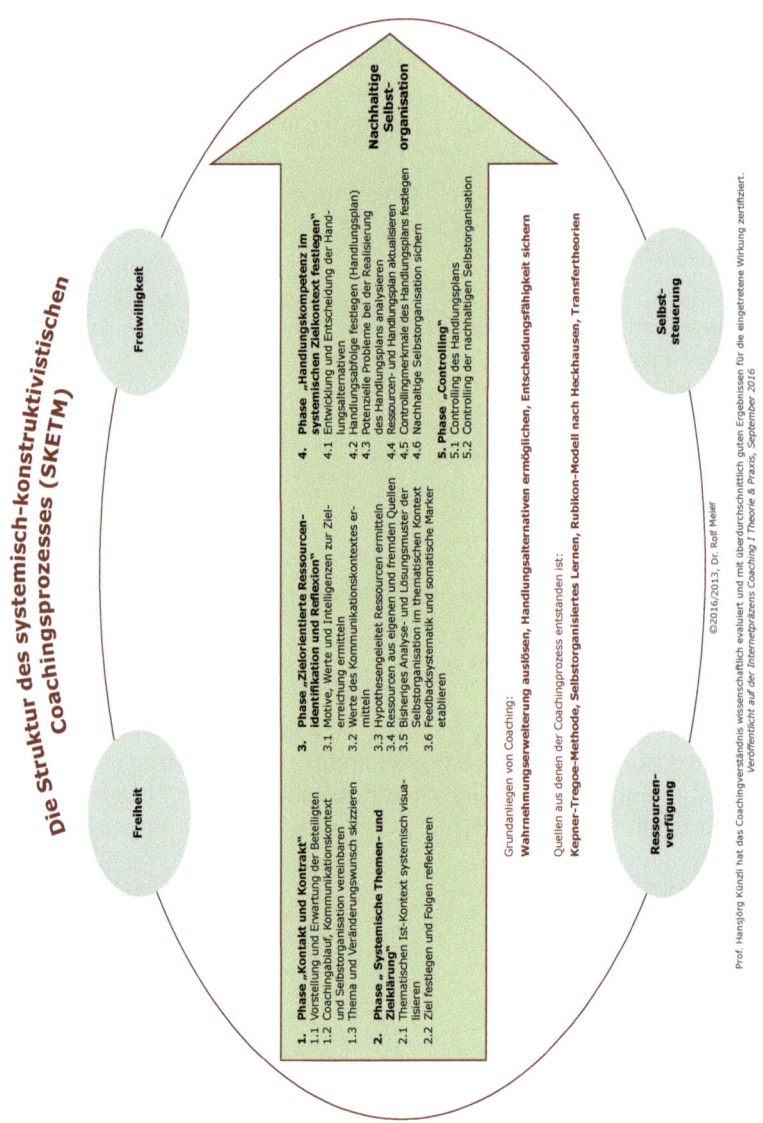

# Der Teamcoachingprozess

Dieser Prozess zeigt den Weg von Einzelkämpfern zu einer Teamidentität auf.

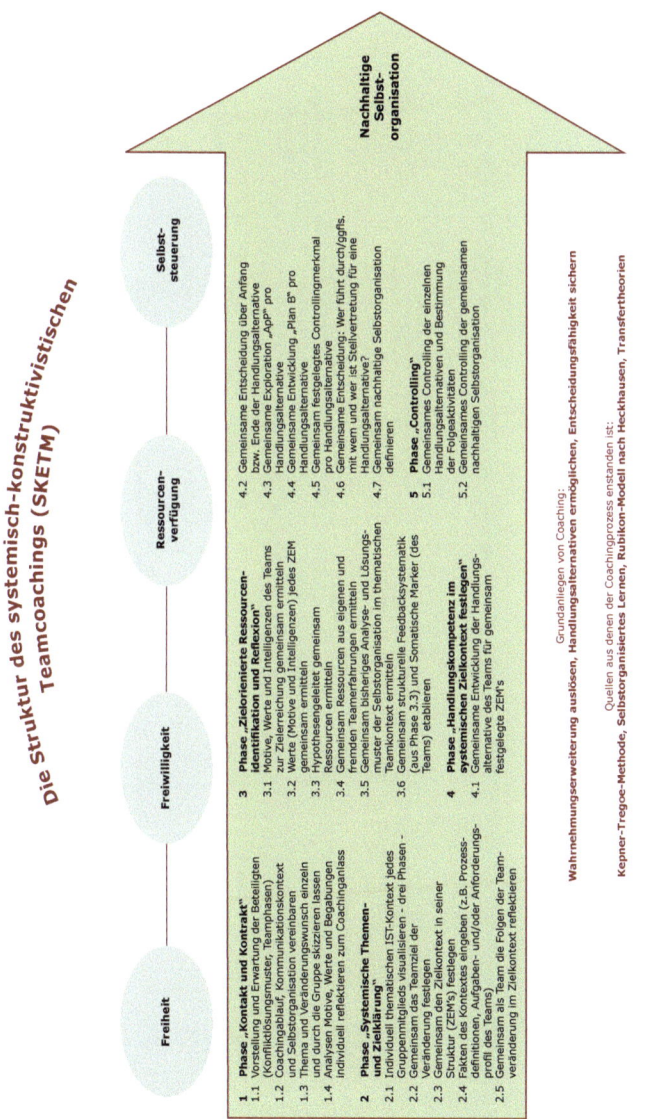

## Das Umsetzungscoaching

Menschen und Gruppen wissen machmal was Sie wollen und sollen (Ergebnisvorstellung), haben aber keine Vorstellung mit welchen zentralen Merkmalen und Ressourcen sie das Ergebnis errreichen sollen.

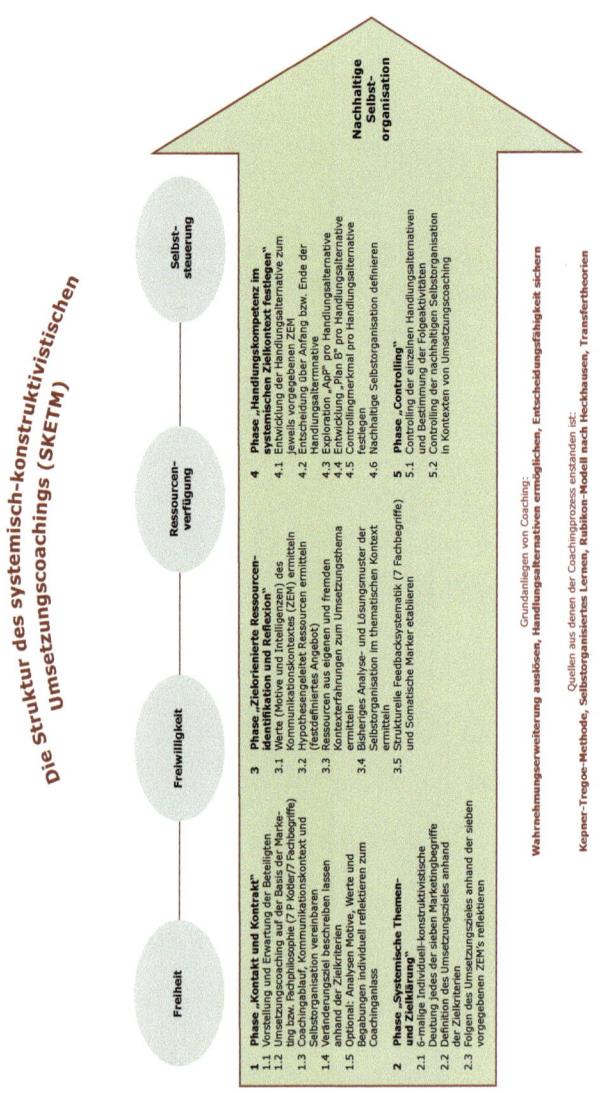

Die Grafiken befähigen noch nicht das Verständnis und die Anwendung für die drei Prozessarten. Wenn die Mitarbeiter und Führungskräfte einmal unter Verwendung der drei Prozessarten gecoacht worden, werden sie zu einer nachhaltigen Selbstorganisation befähigt.

Viele Führungsseminare, manche Kommunikationsseminare und der eine oder andere Workshop mit dem Grundthema Konflikt oder Mediation, könnte gespart werden.

Der Nachteil vieler extern durchgeführten Angebote für Führung, Kommunikation oder Konflikt basieren auf ...
* Appellen
  und/oder auf
* praxisfernen Beispielen

Veränderung ist Lernen und Lernen vollzieht sich immer dann am besten, wenn die „betroffene Emotionalität des Einzelnen oder der Gruppe" angesprochen und mit einbezogen ist.

Durch Coaching – aber auch durch Führen mit der Coachhaltung – werden die zentral am Veränderungsprozess beteiligten Emotionen: Motive, Begabungen und Werte angemessen erfahren, erlebt und durchlebt.

Coaching und Führen mit der Coachhaltung sind immer mitten im Praxisgeschehen der Beteiligten. Dieser konkrete Bezug zur Praxis, der von den Beteiligten reflektiert wird, ist ein mächtiger Wirkfaktor.

Wer Menschen erreichen will, wer bei Menschen Motivation auslösen will – wer möchte, dass Menschen freiwillig und mit Überzeugung „agil" sind, hat keine andere Chance des Vorgehens oder anderer Beeinflussung als durch diese beiden Vorgehensweisen.

## 14 Führungsaufgaben in der richtigen „Übersetzung"

| Fremdführung | Selbstführung | Eigenführung | Führen mit Coachinghaltung |
|---|---|---|---|
| 1. Auseinandersetzen mit der Zukunft | 1. Mit welchen Zukunftsthemen muss/will/möchte ich mich auseinandersetzen? | 1. Mit welchen Zukunftsthemen muss/wollen/möchten wir uns auseinandersetzen? | 1. Mit welchen Zukunftsthemen müssen/wollen/möchten Sie sich auseinandersetzen? |
| 2. Motivation auslösen | 2. Welche meiner Ressourcen nutze ich bewusst, um mich ins Handeln zu bringen? | 2. Welche unserer Ressourcen nutzen wir bewusst, um uns ins Handeln zu bringen? | 2. Welche Ihrer Ressourcen werden Sie bewusst, um sich ins Handeln zu bringen? |
| 3. Arbeitsabläufe planen | 3. Wie muss ich den Ablauf meiner Arbeitsaufgaben organisieren. | 3. Wie müssen wir den Ablauf unserer Arbeitsaufgaben zeitlich planen? | 3. Wie werden Sie den Ablauf Ihrer Arbeitsaufgaben zeitlich planen? |
| 4. Führen mit Zielen | 4. Welche Ziele verfolge ich bei meinen Aufgabenerledigungen? | 4. Welche Ziele verfolgen wir bei unseren Aufgabenerledigungen? | 4. Welche Ziele verfolgen Sie bei Ihren Aufgabenerledigungen? |
| 5. Entscheiden | 5. Welche Entscheidung muss ich bei welcher meiner Aufgabenerledigungen treffen? | 5. Welche Entscheidung muss von uns bei welcher meiner Aufgabenerledigungen getroffen werden? | 5. Welche Entscheidungen müssen von Ihnen bei welcher Ihrer Aufgabenerledigungen getroffen werden? |
| 6. Delegieren | 6. Mit welcher Priorität müssen meine Aufgaben erledigt werden? | 6. Mit welchen Prioritäten müssen wir unsere Aufgaben erledigen? | 6. Mit welchen Prioritäten müssen Sie Ihre Aufgaben erledigen? |
| 7. Koordinieren | 7. Welche meiner Ressourcen muss ich kombinieren, um gute Arbeitsergebnisse zu bekommen? | 7. Welche unserer Ressourcen müssen wir kombinieren, um gute Arbeitsergebnisse zu bekommen? | 7. Welche Ihrer Ressourcen müssen Sie kombinieren, um gute Arbeitsergebnisse zu bekommen? |
| 8. Organisieren und verbinden | 8. Wie setze ich meine Entscheidungsbefugnis im Zusammenhang mit welcher | 8. Wie setzen wir unsere Entscheidungsbefugnisse im Zusammenhang mit welchen Aufgaben ein? | 8. Wie setzen Sie Ihre Entscheidungsbefugnisse im Zusammenhang mit welchen Aufgaben ein? |
| 9. Informieren und kommunizieren | 9. Welche Daten muss ich für mein Aufgabengebiet speichern? | 9. Welche Daten müssen wir für unser Aufgabengebiet speichern? | 9. Welche Daten müssen Sie für Ihr Aufgabengebiet speichern? |
| 10. Fördern und entwickeln | 10. Welche Fähigkeiten, Fertigkeiten sowie Fach- und Methodenwissen benötige ich demnächst? | 10. Welche Fähigkeiten, Fertigkeiten sowie Fach- und Methodenwissen benötigen wir demnächst? | 10. Welche Fähigkeiten, Fertigkeiten sowie Fach- und Methodenwissen benötigen Sie demnächst? |
| 11. Mitarbeiterauswahl und -einsatz | 11. Für welche zusätzlichen Aufgaben möchte ich mich bewerben? | 11. Für welche zusätzlichen Aufgaben möchten wir uns bewerben? | 11. Für welche zusätzlichen Aufgaben möchten Sie sich bewerben? |
| 12. Mitarbeiter-Schutz | 12. Wie schütze ich mich vor körperlicher und psychischer Überbelastung? | 12. Wie schützen wir uns vor körperlicher und psychischer Überbelastung? | 12. Wie schützen Sie sich vor körperlicher und psychischer Überbelastung? |
| 13. Selbstentwicklung | 13. Wie und durch was kann ich meine Selbstorganisation optimieren? | 13. Wie und durch was kann unsere Selbstorganisation optimiert werden? | 13. Wie und durch was kann Ihre Selbstorganisation optimiert werden? |
| 14. Messen und bewerten | 14. An welchen Merkmalen erkenne ich, dass ich erfolgreich arbeite? | 14. An welchen Merkmalen erkennen wir, dass wir erfolgreich arbeiten? | 14. An welchen Merkmalen erkennen Sie, dass Sie erfolgreich arbeiten? |

## Empowerment durch erprobte Einzeltools

Von der KEPNER-TROEGE-Methode sind die Begriffe ...
*   Analyse potenzieller Probleme
    und
*   Plan „B"
bekannt.

Wer sich etwas vornimmt und dabei stur bleibt, wird im wahren Leben oftmals durch aufkommende Widrigkeiten irritiert oder sogar an einer gefassten Vorgehensweise gehindert. Analyse potenzieller Probleme (ApP) wurde Anfang der fünfziger Jahre des letzten Jahrhunderts als Bestandteil der KEPNER-TROEGE-Methode etabliert.

Agil ist, wer antizipiert oder die kontextbezogene ApP bearbeitet. Wer sich vorstellen kann, was dazwischen kommt, kann ...
*   versuchen, dass das ApP gar nicht erst entsteht,
    oder
*   durch einen Plan B doch noch die eigentliche Absicht verfolgen kann.

In beiden Fällen liegt agiles Handeln vor. In der Selbst-, Eigen- und Fremdführung sollte ApP situativ eingesetzt werden.

## Die Folgen des Handelns

So manche Entscheidung wird aus der Interessenlage des Entscheiders oder aus der Interessenlage der so genannten fachlichen Anforderung getroffen. Entscheidungen haben immer Folgen und Folgewirkung. Diese Folgen und Folgewirkungen liegen aber immer „im Auge des Betrachters" und der ist in der Regel der Empfänger der Entscheidung. Fragen Sie deshalb immer: Sind die Folgen gewollt? Werden die Folgen akzeptiert?

## Kollegiale Beratung – Kollegiales Teamcoaching
(Text aus Wikipedia und dieprojektmanager)

Kollegiale Beratung oder Intervision ist eine Methode, um Lösungen bei fachlichen Fragen zu finden, meist entstanden und angewandt in den Bereichen Medizin, Psychologie, Pädagogik und Sozialarbeit. Entscheidend ist, dass sich Gleichgestellte gegenseitig beraten.

Das seit einigen Jahren ja alles Coaching heißen muss oder Tätigkeiten das Label Coaching aufgestempelt bekommen, ist aus der Kollegialen Beratung das kollegiale Teamcoaching geworden.

Die Kollegiale Beratung bzw. das Kollegiale Teamcoaching ist ein methodisch geleiteter Erkenntnis- und Lernprozess für alle Beteiligte. Eine Gruppe von Fach- oder Sachkundigen aber auch nur Führungskräften aus unterschiedlichen Funktionsbereichen werden mittels eines Moderators darin unterstützt, in einem strukturierten Prozess gemeinsam Lösungen auf individuelle Fragen aus dem Sach-. Fach- oder Führungsalltag zu erarbeiten.

Für verantwortungsvolle Sachbearbeiter sowie Fach- und Führungskräfte ist eine kontinuierliche persönliche Weiterentwicklung zur Bewältigung der täglichen Sach- und Führungsarbeit eine ständige Herausforderung. Als ein zentrales Instrument im lebenslangen Lernen aber auch im Sinne einer Lernenden Organisation ist die Kollegiale Beratung bzw. das Kollegiale Teamcoaching ein einfacher und unkomplizierter aber sehr treffsicherer Wirkfaktor.

Die Besonderheit der Kollegialen Beratung bzw. des Kollegialen Teamcoachings beruht auf dem Phänomen der unterschiedlichen Bezugsrahmen der Teilnehmer:

Jeder Mensch nimmt eine schwierige Situation aus einem persönlichen Bezugsrahmen wahr und setzt die einzelnen Aspekte des Geschehens zu einem für sich sinnvollen Ganzen zusammen.

Jeder Bezugsrahmen gibt uns Erklärungsmuster und auch Handlungsoptionen vor, die jedoch auf unsere subjektive Perspektive beschränkt sind.

Diesen selbstreferenziellen Rahmen unserer Aktionen und Reaktionen können wir aufbrechen indem wir verschiedene Menschen einladen, eine Situation durch ihre individuellen Brillen zu betrachten und ihre Sichtweisen im Dialog zu teilen. Die Grenzen der verschiedenen Bezugsrahmen verschwimmen dabei – und ein kreativer Raum für neue Deutungsmöglichkeiten und Antworten entsteht.

## Moderation der Kollegialen Beratung bzw. beim Kollegialen Teamcoaching

Damit dies in der Kollegialen Beratung bzw. im Kollegialen Teamcoaching möglich wird, kommt der Moderation eine bedeutende Rolle zu. Sie achtet genau auf die Einhaltung der Struktur und unterstützt die Teilnehmer darin, aus unterschiedlichen Blickwinkeln auf die Ganzheitlichkeit der problematischen Situation zu schauen.

Die auf der nächsten Seite beschriebene Methode der Kollegialen Beratung bzw. des Kollegialen Teamcoaching lebt von der strikten Einhaltung der einzelnen Prozesschritte. Auf den Moderator kommt deshalb hier eine besondere Verantwortung zu.

Die Methode Kollegiale Beratung bzw. Kollegiales Teamcoaching sollte sparsam in denselben Gruppenzusammensetzungen eingesetzt werden, da der eine oder andere Teilnehmer das eigene Denken einstellt: Er hat ja die Gruppe, die ihm zur Erkenntnis verhilft.

**Fragen bei der Kollegialen Beratung / beim Kollegialen Teamcoaching**

**Ausgangslage**

Damit der Fallgeber eine individuelle hypothesengeleitete Beratung seiner Kollegen erhält, stellt er seinen „Fall" den Kollegen vor. Diese sollen sich zum besseren Verständnis durch geeignete Fragen an den Fallgeber profund sachkundig machen.

1. **Faktische Situation nachfragen**
   (Kombination von geschlossener und offener Frage)
   Bei Ihrer Fallvorstellung nannten Sie das Thema „...": was ist das konkret, faktisch, genau? Antwort des Fallgebers: ... – Welche Bedeutung hat das (Antwort) für Ihr Thema – für die Situation in der Sie sich befinden – für Ihre Bewertung der Situation?

2. **Bedeutung nachfragen (skalierende Frage)**
   Welche Bedeutung auf einer Skala von 1 bis 10 – wobei eine 1 eine geringe Bedeutung und eine 10 eine hohe Bedeutung darstellt – hat das von Ihnen vorgetragene Thema ..., Teilthema ..., Sachverhalt ... für Sie?

3. **Perspektivwechsel und/oder Wahrnehmungspositionswechsel nutzen (zirkuläre Frage)**
   Angenommen, ich würde Ihren Chef, Kollegen, Mitarbeiter, Kunden, Betriebsrat ... zur der Fallsituation befragen, was würde er / sie mir antworten?

4. **Systemische Bedeutung erkennen (hypothetische Frage)**
   Angenommen Sie bearbeiten das Thema nicht, welche Folgen hätte dies für alle Beteiligte im Kontext?

5. **Fokussierung veranlassen (geschlossene Frage)**
   Mit welchem zentralen Begriff können Sie ihren Fall beschreiben?

6. **Psychobiologisches Wohlbefinden erkunden (offene Frage)**
   Warum wollen Sie den Fall eigentlich bearbeiten – oder: Warum ist der „Fall" ein „Fall"?

**Fazit**  Jeder „Kollege" hat nun mindestens ein Reservoir von sechs Frage-strategien, die er selbstverständlich auch – je nach Situation – miteinander in einer kombinierbaren Abfolge formulieren kann. Fragen geht natürlich auch in der „Du-Variante".

Auf der nachfolgenden Seite finden Sie die konkrete Ablaufstruktur mit den Aktivitäten und eine Zusammenstellung von Fragen, die im Zusammenhang mit der Methode zum Einsatz kommen sollten.

## Ablauf einer Kollegialen Beratung / eines kollegialen Teamcoaching

| Zeit | Phase | | Fallgeber | Beratungsteam | Regeln |
|---|---|---|---|---|---|
| | Vorbereitung | Informationen über das Vorgehen, Vereinbarungen von Terminen etc., Verständigung; wer ist Moderator / Fallgeber / Beratungsteam / Moderator klärt die Regeln | | | |
| 5 | Vorstellung des Falls | Der Fallgeber bringt den Fall ein, berichtet, skizziert oder präsentiert mit Medien. Die Berater hören zu und machen sich Notizen. Sie fragen noch nicht nach. | Beschreibt die Situation, formuliert eine Fragestellung. | Hört zu, macht sich Notizen. | Noch nicht nachfragen. |
| 10 | Befragung | Das Interview des Fallgebers durch das Beratungsteam umfasst nur Informations- und Verständnisfragen. Interpretationen, Hypothesen und „Lösungen" werden unterbunden. | Antwortet differenziert und kurz. | Interviewt den Ratsuchenden. | Nur Verständnis- und Informationsfragen |
| 10 | Hypothesen | Das Beratungsteam äußert Vermutungen über Zusammenhänge des Falls (Hypothesen). Die Assoziationen umfassen Querverbindungen, Anhaltspunkte, Indizien, Bilder, aber auch eigene Erinnerungen und Gefühle. Der Fallgeber hört zu und macht sich Notizen. | Geht aus der Runde, hört zu. | Berät sich, äußert Hypothesen, Vermutungen, Eindrücke. | Noch keine Lösungen entwickeln! |
| 5 | Stellungnahme | Der Fallgeber äußert sich zu den Hypothesen. Assoziationen, Bilder und Phantasien können geäußert werden, die auch einen emotionalen Zugang zum Anliegen ermöglichen. Die Berater hören zu und korrigieren ggf. die Aufnahme ihrer Hypothesen. | Kehrt zurück, ergänzt, korrigiert ggf. | Hört zu, korrigiert ggf. die Aufnahme ihrer Hypothesen. | Keine Diskussionen. |
| 15 | Lösungsvorschläge | Das Beraterteam sagt dem Fallgeber, was sie an seiner Stelle täten. Sie fassen das Zusammenspiel von Beziehungen, Situationen und fachlicher Faktoren in Beurteilungs- und Lösungs-Statements zusammen. Der Fallgeber hört in dieser Phase intensiv zu und macht sich Notizen. | Geht aus der Runde, hört intensiv zu, macht sich Notizen. | Jeder sagt was er anstelle des Fallgebers tun würde. | Keine Diskussionen. |
| 5 | Entscheidung | Der Fallgeber teilt mit, welche Lösungsvorschläge er aufgreifen wird und welche er verwirft. Er beurteilt die Lösungen nach deren Angemessenheit und äußert auch, bei welchen er besondere Impulse, Dynamiken und Reaktionen (auch emotional) festgestellt hat. Der Fallgeber teilt mit, wie das Anliegen weiter bearbeitet wird. Die Berater hören zu und reflektieren still das Gesagte. | Entscheidet, begründet, welche Hypothesen angenommen werden und welche Vorschläge er umsetzen möchte. | Hört zu. | Keine Diskussionen. |
| 10 | Austausch | Der Fallgeber und das Beratungsteam sprechen darüber, wie sie sich fühlen und welche persönlichen Anmerkungen noch ausgetauscht werden sollten. Das angewandte Schema der kollegialen Beratung wird besprochen und bewertet. Hieran kann sich ein Abschluss-Blitzlicht ebenso anschließen wie ein Feedback. | Äußert, wie es ihm geht, persönliche Anmerkungen. | Teilt mit, was jeder aus dem Gespräch mitnimmt, persönliche Anmerkungen. | |

## VII. Danke und Schluss

### Zusammenfassung

Das generelle oder grundsätzliche Mind-Set von Führungskompetenz beschreibt allgemein, was zur Thematik Führung gehört. Es spezifiziert – ausgehend vom grundsätzlichen oder vom erweiterten Kompetenzmodell.

- Welches Faktenwissen, aus den zehn Fakten des Kontextes "Unternehmung", benötigt eine typische aber auch die besondere Position?
- Welches Wissen soll aus den fünf Bedingungen der Führung in der typischen aber auch besonderen Position zur Anwendung kommt?
- Dass die acht Grundeinsichten der Führung überwiegend oder angemessen vom jeweiligen Positionsinhaber beachtet werden sollen
- Dass die 14 Führungsaufgaben angemessen vom jeweiligen oder den jeweiligen Positionsinhabern beachtet werden müssen.

Das spezielle oder positionsgerechte Mind-Set von Führungskompetenz beinhaltet neben den allgemeinen Merkmalen von Führung insbesondere deren emotionsorientierte Handhabung.

- Es sind die Wirkungen die von Motiven, Werten, Begabungen und kognitiver Intelligenz in der Handhabung von Fakten ausgehen.
- Agile Führungskompetenz ermöglicht Anpassungsfähigkeit, Antizipation, Pro-aktiv und Flexibilität als Ausdruck von Empowerment und Selbstverantwortung. Führungskompetenz fokussiert den Kunden.

Das Agile Mind-Set von Führungskompetenz besteht aus der situativen Auslegung (kompetentes Handeln) aller Ressourcen, die der Führungskompetenz zugeschrieben werden.

**Agile Führungskompetenz ermöglicht Zukunftsgestaltung**

Eine Definition von Business Agilität lautet:

> „Business Agilität" wird durch die Geschwindigkeit der
> Entwicklung-Test-Korrektur-Zyklen definiert.

Wenn wir dieser etwas mechanistisch anmutenden Definition folgen, ohne auf bekannte Agilitätsmethoden wie SCRUM, KANBAN ect. zugreifen zu müssen, um Agiltiät zu zelebrieren oder agil zu sein, ist es im agilen Sinn, wenn die Merkmale und Inhalte von Führungskompetenz unter dem Gesichtspunkt von Geschwindigkeit in einer zu definierenden Periode einem Controlling unterzogen werden.

Die Controllingmerkmale orientieren sich an den Bedürfnissen der Unternehmung und sind:

- Empowerment
- Der Kunde im Mittelpunkt
- Produktivität
- Wirtschaftlichkeit
- Liquidität
- Optimierung
- Innovation

Dr. Rolf Meier
Bildquelle: E.M. Urbitsch©

## Agile Merkmale von Menschen

Die Agilitätsmerkmale einer Unternehmung oder Organistaion sind auf der vorigen Seite beschrieben. Was sind dann aber die Merkmale eines agilen Mitarbeiters, einer Führungskraft, einer Gruppe oder eines Teams?

Menschen können in ihrer Eigenschaft als Mitarbeiter, Gruppenmitglied oder Führungskraft Agilität aktiv befördern, Agilität behindern aber auch Agilität zulassen.

Entscheidend sind hier die ausgeprägten Motive, die wertvollen Werte und die lustorientierten Begabungen des einzelnen Menschen. Es sind die Emotionen des Menschen.

- **Eine Agilitätsinitiative starten und selbstorganisiert gestalten.**
  Dazu zählen die ausgeprägten Motive:
  - Erkenntnis
  - Pragmatik
  - Aktivität

  Dazu zählen die ausgeprägten Begabungen:
  - interpersonale Intelligenz
  - naturalistische Intelligenz
  - logisch-mathematische Intelligenz

  Dazu zählt das ausgeprägte Positionsverständnis:
  - Strategische Führungskraft
  - Neukundenverkäufer

- **Agilitätsinitiativen skeptisch gegenüberstehen (fremdeln bis Abwehrhaltung).**
  Dazu zählen die wenig ausgeprägten Motive:
  - Einfluss
  - Abwechslung
  - Pragmatik

Dazu zählen die wenig ausgeprägten Begabungen:
- interpersonale Intelligenz
- körperlich-kinästetische Intelligenz

Dazu zählt das ausgeprägte Positionsverständnis:
- operativer Mitarbeiter

- **Agile Anforderungen nicht verstehen (mögliche kognitive Überforderung durch die Komplexität der einzelnen agilen Vorgehensweise)**
Dazu zählen die ausgeprägten Motive:
- Vorsicht
- Distanz

Dazu zählen die gering ausgeprägten Begabungen:
- interpersonale Intelligenz
- körperlich-kinästetische Intelligenz

Dazu zählt grundsätzlich ein sehr gering ausgeprägtes Positionsverständnis – die Wertidentität ist erkennbar „außerhalb" der Unternehmung angesiedelt. Dazu zählen z.B. die Werte: Hobby, Freizeit, Freundeskreis.

Eine individuell durchgeführte MotivationsPotenzialAnalyse (www.motivation-analytics.eu), Werteanalyse (www.werte-karriere.de), Begabungsanalyse (www.talente-begabungen.de) mit den entsprechenden Interpretationen und Deutungen, würde Verständnis und Klarheit über das Verhaltenspotenzial des Einzelnen für alle Beteiligte bringen.

**Agile Führungskompetenz durch kompetentes Handeln
sichtbar machen:    10 „agile" Forderungen an Mitarbeiter,
Teams und Führungskräfte**

1.  Agilität definiert sich als das bewusste Verlassen der Komfortzone
    bisherigen Verhaltens.

2.  Agil handelt, wer die Wirkweise seiner Motive, Werte, Begabungen
    und kognitive Intelligenz folgenorientiert selbst organisieren kann.

3.  Agil handelt, wer seine Routinen (Prozesse) optimiert.

4.  Agil handelt, wer innovative Produkte und Dienstleistungen kreiert.

5.  Agil handelt, wer durch die Kooperationen mit anderen sein eigenes
    Lernen initiiert.

6.  Agil handelt, wer Freiheitsgrade für Mitarbeiter und Teams für
    selbstorganisiertes Handeln definiert.

7.  Agil handelt, wer die 14 Führungsaufgaben der Führung anforde-
    rungsgerecht in seinen Entscheidungen berücksichtigt.

8.  Agil handelt, wer durch die Reflexion der acht Grundeinsichten der
    Führung zukunftsgerichtete Strukturen und Prozesse seiner Organisa-
    tion entwickelt.

9.  Agil handelt, wer die fünf Bedingungen der Führung in seinen Hand-
    lungen erlebbar macht.

10. Agil handelt, wer die situativ notwendigen Inhalte aus den zehn Fak-
    ten des Kontextes „Unternehmung" im Sinne von „state-of-the-art-
    Wissen" bewusst und  angemessen in sein Handeln integriert.